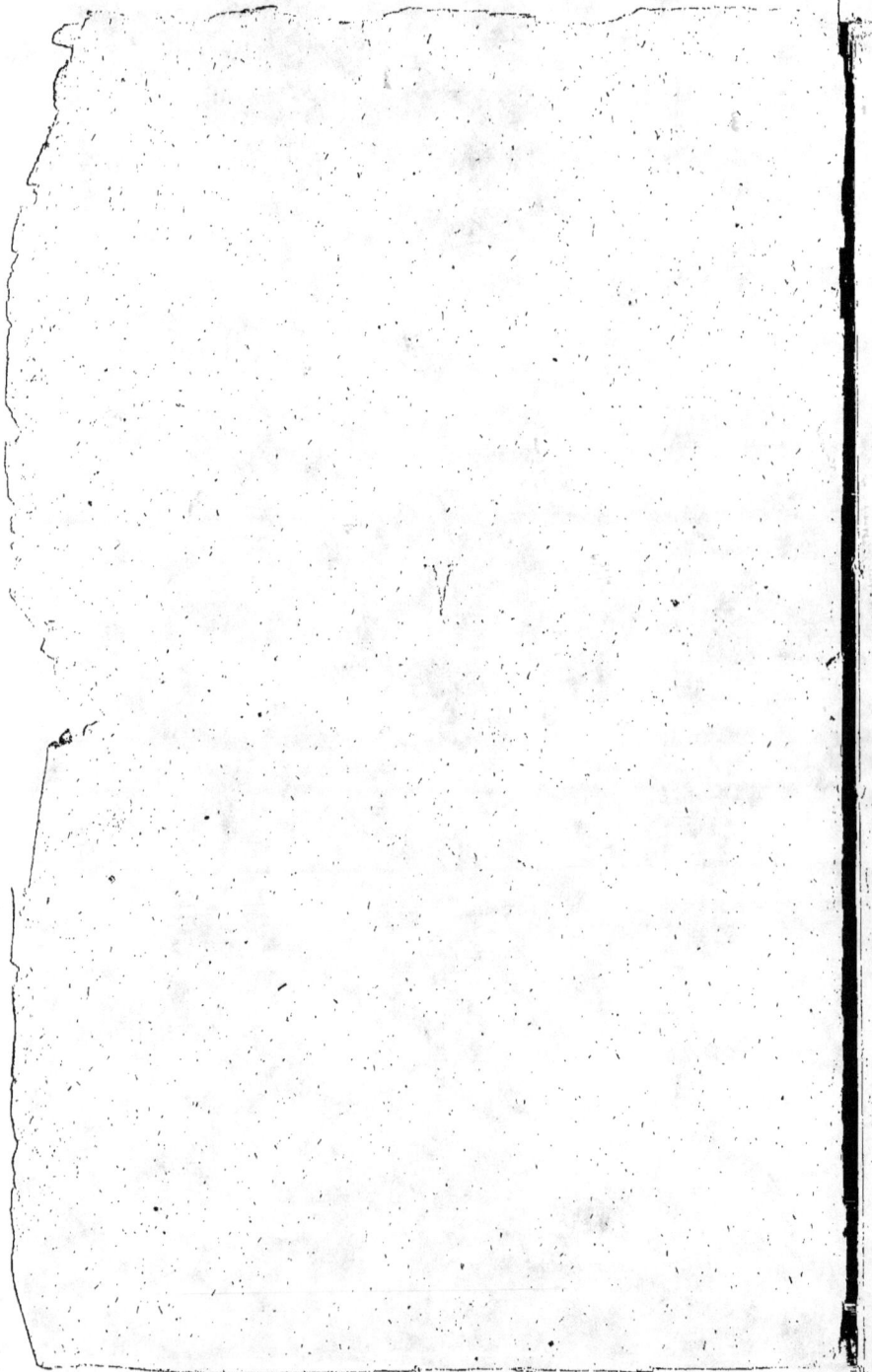

TRAITÉ

D'ARTILLERIE NAVALE.

A

V

35915 *bis*

AVIS AU LECTEUR

Sur la Traduction du *Traité d'Artillerie navale.*

———

L'ouvrage remarquable du général Douglas ayant une étendue assez considérable, on s'est borné à en traduire une partie, on a choisi la 3ᵉ comme traitant les questions les plus intéressantes et celles dont on s'occupe le plus actuellement.

Les dimensions et les poids sont généralement donnés en mesures anglaises, on croit utile de placer ici leur valeur en mesures françaises.

Le pouce vaut	0 m. 0254 ;
Le pied, 12 pouces ou	0 m. 3047 ;
Le yard, 3 pieds ou	0 m. 9144 ;
L'once	0 k. 0284 ;
La livre (avoir du poids), — 16 onze, — 256 drams ou	0 k. 4,534 ;
Le cwt (quintal anglais), 112 livres ou	50 k. 7,808 ;

Quoiqu'on donne isolément la 3ᵉ partie de l'ouvrage du général Douglas, on a pensé qu'il serait plus commode de conserver les numéros des paragraphes et des tables tels qu'ils sont dans l'ouvrage original, afin qu'on puisse y recourir facilement, si on le désire, et aussi parce que quelques paragraphes cités n'étant pas compris dans la partie traduite, si on ne conservait pas la notation de l'auteur, il pourrait en résulter quelque confusion.

Les figures qui étaient éparses dans le texte, ont été réunies pour en former la planche nº 1.

F. BLAISE.

Paris, le 15 janvier 1852.

———

Paris. — Imprimerie de M. V. de Surcy et Cie, rue de Sèvres, 57.

TRAITÉ
D'ARTILLERIE NAVALE

PAR LE LIEUTENANT-GÉNÉRAL

SIR HOWARD DOUGLAS.

3ᵉ ÉDITION.

—

Traduction de la IIIᵉ Partie

PAR F. BLAISE,

CHEF D'ESCADRON D'ARTILLERIE.

SUIVIE DE NOTES DU TRADUCTEUR.

–◦◉◦–

AVEC 2 PLANCHES.

–◦◉◦–

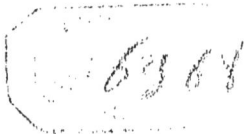

PARIS,
LIBRAIRIE MILITAIRE, MARITIME ET POLYTECHNIQUE
DE J. CORRÉARD,
LIBRAIRE-ÉDITEUR ET LIBRAIRE-COMMISSIONNAIRE,

Rue Christine, 1.

—

1853.

TRAITÉ
D'ARTILLERIE NAVALE.

TROISIÈME PARTIE.

Des bouches à feu forées à un calibre supérieur, et de celles nouvellement fabriquées pour les marines britannique et étrangères.

I.

Canons forés à un calibre supérieur.

194. La méthode de forer les canons à un calibre supérieur s'introduisit pour la première fois dans le service britannique en 1830, lorsqu'environ 800 canons de 24, de 7 pieds 6 pouces de long, qui avaient été construits suivant les idées de sir William Congrève, et environ le double, aussi du même ca-

libre, construits d'après les principes de sir Thomas
Blomfield, furent forés, pour le service de la marine,
au calibre de 32. Cet usage s'étendit ensuite aux
canons de toute espèce en fonte, depuis le 9 jusqu'au 32 inclusivement, en portant l'âme au calibre immédiatement supérieur, et quelquefois au
calibre suivant celui-ci et en réduisant le vent. Ceci
peut être regardé comme un expédient transitoire
qui permettait d'augmenter le poids des projectiles
lancés par les canons alors en usage, à une époque
où la supériorité des grands calibres n'était pas parfaitement établie et où le gouvernement n'était pas
prêt à approuver les dépenses nécessaires à la fabrication de canons destinés à lancer, soit des boulets,
soit des obus d'un plus grand poids. Mais maintenant que les avantages des gros projectiles sont bien
compris, que la France, les États-Unis et d'autres
pays sont déterminés à armer leurs vaisseaux avec
de nouvelles bouches à feu, longues et puissantes, le
temps est venu d'abandonner ce qu'on peut appeler
des demi-mesures, et de remplacer les canons forés
à un calibre supérieur, à l'exception de ceux que
nous indiquerons ici, par de bons canons, propres
à leur destination et d'un calibre égal à celui auquel
on avait remis les anciennes bouches à feu. Ce n'est
que par une telle mesure qu'on peut attendre de
voir, dans les guerres futures, nos vaisseaux lutter
avec avantage contre ceux des marines qui ont
adopté les bouches à feu les plus perfectionnées.

195. Les grands avantages provenant de la diminution du vent en même temps que de l'augmentation du poids des projectiles, ont donné dès l'abord une telle considération aux pièces dont le calibre a été agrandi, qu'il est à craindre que cela ait détourné l'attention des défauts provenant de la diminution de poids de la bouche à feu elle-même. La réduction du vent permet d'obtenir des effets égaux avec une charge moindre que celle qui était employée pour la même pièce avant son agrandissement de calibre. Par exemple, l'ancien 24, dont le vent était $0^r,211$, foré au calibre de 32, avec un vent de $0,^r123$ et chargé avec 7 livres 1/3 de poudre, a une trajectoire plus élevée que le canon primitif avec sa charge usuelle de 8 livres. La vitesse initiale est la même, environ (1,600 pieds par seconde), et la pénétration dans tout milieu, est à l'avantage du calibre agrandi, à toutes les distances praticables. En outre, si ce dernier est chargé avec 6 livres 1/2 de poudre, qui donne une vitesse initiale de 1,490 pieds par seconde, on trouvera que la pénétration est d'abord plus grande dans le canon primitif de 24, qu'à 400 yards elle devient égale pour les deux calibres, et qu'à des distances plus grandes l'avantage reste au plus gros projectile.

196. Ce n'est toutefois pas de la comparaison des effets produits par le canon de calibre agrandi, avec ceux du canon primitif, que l'on peut conclure la valeur relative du canon alésé et celle d'un canon

de même calibre, mais d'une construction plus parfaite. La pénétration, qui paraît donner tant d'avantage au calibre agrandi, est peut-être plus que compensée par les défauts inhérents à la diminution de poids de la pièce, qui rendent le recul beaucoup plus considérable que ne le serait celui d'une pièce coulée primitivement pour ce même calibre. Cette circonstance, outre qu'elle produit un plus grand choc sur l'affût, rend la pièce moins stable, et, par conséquent, le tir plus incertain. Si, pour diminuer le recul, on a recours à de moindres charges, la pénétration en sera d'autant diminuée.

197. Le capitaine Simon, dans sa discussion sur l'armement actuel de la marine, a calculé une table qui donne les pénétrations relatives du 24 et du même canon foré au calibre de 32, lorsque la charge de ce dernier est diminuée; de sorte que la vitesse initiale est proportionnelle au poids des canons avec leurs affûts, point où, par conséquent, les reculs ou efforts sont rendus égaux. Dans ce cas, la pénétration, pour le calibre agrandi, tombe même au-dessous de celle produite par la pièce de 24 primitive jusqu'à une distance de 3,000 yards de la bouche; mais, à cette distance, l'élévation de la bouche à feu rend le tir très-incertain. Il est de la dernière importance, tant pour l'étendue et la justesse des portées que pour les pénétrations, que les bouches à feu aient une masse de métal correspondant au poids du projectile; une diminution de cette

masse peut faire perdre les avantages de la diminution du vent; la secousse de la pièce avant que le
projectile s'en échappe, surtout lorsqu'on emploie
les grandes charges, produit inévitablement une
déviation dans la direction initiale. La perfection
d'une bouche à feu consiste dans l'union de ces
deux qualités, stabilité et moindre vent; ce n'est que
par cette combinaison qu'on peut les rendre capables de lancer des projectiles, dans la limite des
portées usitées dans les batailles, avec la moindre
hausse, et, par conséquent, avec le plus d'effet
utile.

198. Depuis que nous possédons un nombre considérable de nouveaux canons d'un calibre élevé et
de bon modèle, il n'y a pas de raison pour com-
prendre dans l'armement de la marine anglaise les
canons de calibre agrandi, si ce n'est peut-être pour
les bricks et autres petits navires, ou pour les bâtiments du commerce engagés au service de l'État. Les
Français n'ont point de canons alésés à bord de leurs
vaisseaux de ligne ou des frégates; il n'y en a pas
non plus dans la marine des États-Unis, à l'exception
d'un canon de 8 pouces, provenant du canon de 42
alésé. Tous les canons conservés dans ce service
sont, ou les plus efficaces de l'ancienne artillerie,
ou certains autres qui n'ont pas encore été mis hors
de service.

Il existe aux État-Unis un fort préjugé contre l'alé-
sage depuis qu'une pièce de 42, mise au calibre de

64 en portant son diamètre de 7 pouces à 8, éclata à
bord du *Fulton* avec la charge de 14 livres ; sa charge
normale était de 8 livres.

On assure que le 42, ainsi agrandi et lançant un
boulet de 64, donne au second bond, avec une
charge de 12 livres, une meilleure portée que dans
son état primitif (Ward, *Marine des États-Unis*,
page 105). Mais un premier bond et sous un angle
qui ne dépasse pas 3°, le 42, avec une charge de
12 livres, que le calibre agrandi ne pourrait supporter, est bien supérieur à l'autre.

199. Les défauts des canons alésés ont été bien
sentis à bord du *Sésostris*, navire à vapeur, capitaine
Ormsby. Ce vaisseau était armé de pièces de 32 provenant du forage de canons de 24. Après quelques
heures de feu, les braques furent détruites, les chevilles forcées, en sorte que cette artillerie fut hors
de service, même avec des charges très-réduites.

200. Les canons alésés, outre les défauts que nous
venons de mentionner, ne donnent pas de sécurité
pour le tir à deux boulets ; il en est même pour lesquels ce tir est toujours interdit, et, lorsqu'il est
permis, on regarde comme indispensable de réduire
beaucoup les charges. La table suivante donne la
charge des canons alésés pour un seul boulet. Aucune charge pour deux boulets n'est adoptée officiel-
lement (1).

_____

(1) On ne pense plus actuellement à tirer 2 boulets avec les canons alésés.

CALIBRE DU CANON.		CHARGE D'ÉPREUVE en livre. un seul boule.	CHARGE DE SERVICE en livre. un seul boulet.	BOULET.	VALET.
32	39 et 40	12	6	1	1
	32	10	5	1	1
	25	9	4	1	1
	22	7	3	1	1
18	20	7	3	1	1
	15	5	2	1	1

Tous les canons alésés, chargés avec un seul boulet, ont été éprouvés avec des charges de poudre
égales à environ le tiers du poids du boulet ; mais on
a vu des canons de 24 alésés éclater avec deux boulets à la charge de 11 livres, après avoir résisté avec
deux boulets à la charge de 18 livres. Pour que ces
canons puissent être considérés comme propres à
tirer avec deux boulets, il faudrait qu'ils fussent
éprouvés avec ces deux boulets et des quantités de
poudre beaucoup plus considérables que celles portées dans la table. Le peu de sécurité qu'offrent les
canons alésés est un puissant argument contre leur
usage ; et quoiqu'il vaudrait beaucoup mieux les
supprimer tous, il est encore satisfaisant de voir que
les seuls canons alésés conservés dans la marine
Royale sont le 32 de 41 cwt, 40 cwt et 39 cwt,
qui viennent de la conversion des pièces de 24 de

Blomfield et de Congrève, et le 18, provenant de l'a-
lésage du 9 et du 12, pour l'armement des petits navires. Le canon de 32 que nous venons de citer sera
définitivement remplacé par une nouvelle pièce de
32, de 8 pieds de long et pesant 32 cwt.

II.

Canons monstres.

201. En 1810, les Français ayant fait couler à
Séville des pièces de gros calibre, en formèrent une
batterie à la pointe du Trocadéro, d'où ils lançaient
des obus dans Cadix à une distance de plus de 5,000
yards. Pour obtenir cette portée, il fallait se servir
d'énormes charges et garnir le projectile de plomb.
Ces pièces étaient de l'invention du colonel Villan-
troy, de l'artillerie française. C'était une sorte d'o-
busier long avec des tourillons, et capable d'être tiré,
sous des angles élevés, avec de fortes charges; il
avait encore de grandes portées, sous de petits
angles, avec des projectiles creux, et on a dit que
la construction de ces obusiers suggéra au colonel
Paixhans les principes qu'il appliqua ensuite à ses
canons-obusiers. Ce qu'il y a de remarquable, c'est
que l'empereur Napoléon fut en réalité le créateur

de ces deux sortes d'artillerie, puisqu'il écrivait ce qui suit au ministre de la marine (Decrès, 1807) : « Je désire que vous donniez l'ordre de faire couler, pour des épreuves, à la fonderie de Douai, un canon qui puisse lancer des obus de 8 pouces ; faites employer aussi avec ces pièces quelques boulets de 78 livres et éprouver leurs portées et leurs effets; donnez encore l'ordre de fondre quelques obus et boulets creux de 48 livres, et faites-les essayer. De tels projectiles, tirés avec une batterie de 20 des pièces désignées ci-dessus, produiront de grands effets.» (Thiers, *Histoire du Consulat et de l'Empire*.)

Au siége de la citadelle d'Anvers, en 1832, les Français employèrent un mortier dont le calibre était de 24 pouces, le poids d'environ 7 tonnes ; il lançait une bombe qui, avec la charge nécessaire pour la faire éclater (99 livres), pesait 1,015 livres. Les effets furent néanmoins moindres qu'on s'y attendait, et le mortier éclata plus tard pendant le feu.

202. En 1842 et 1843, on fondit en Angleterre, pour le *Pacha* d'Égypte, trois grandes pièces d'artillerie, dont l'une était un simple canon sans chambre, ayant 12 pieds de long, le calibre de 10 pouces (le vent étant 0p,16), et pesant 11 tonnes ; il devait lancer des boulets pleins, de 128 livres, ou des obus de 82 livres. La seconde était un canon-obusier de 13 pieds de long, ayant un calibre de 15p,3 (vent, 0p,3), avec une chambre d'après les principes

de Paixhans, et pesant 18 tonnes; il lançait un boulet plein, de 460 livres, ou des obus de 326 livres.
La troisième était un mortier du calibre de 20 pouces
(vent, 0ᵖ,2) et pesant 13 tonnes. Sa chambre était
conique, et semblable à celle des mortiers anglais
pour le service de mer. Il lançait un boulet plein,
pesant, 1,030 livres, ou une bombe du poids de
658 livres.

203. En 1845, on coula à Liverpool, pour la frégate *Princeton* des États-unis, une pièce dont l'âme
avait 13 pieds de long, un calibre de 12 pouces
(vent, 0ᵖ,25); elle pesait 7 tonnes 1/2, et devait lancer des boulets de 213 livres, ou des obus de 152 liv.
Cette pièce n'a pas de chambre, et, ce qui est à remarquer, le boulet doit être enveloppé de feutre,
pour empêcher la dégradation de l'âme. Cet expédient paraît avoir été adopté avec avantage aux
États-Unis pour d'autres canons d'une grandeur
considérable; le vent est maintenu en conséquence.
Ce canon devait remplacer, dit-on, celui qui avait
éclaté, peu de temps auparavant, à bord du même
vaisseau; accident qui causa la mort de plusieurs
personnes, entre autres du secrétaire d'État.

204. Le canon de 130 du *Pacha* fut tiré à Deal,
en juillet 1842, sur un affût semblable à ceux en
usage sur les vapeurs anglais, avec une charge de
26 livres (considérée comme la charge normale) et
des charges de 29 et 32 livres; mais ces deux dernières charges plus élevées produisirent peu d'aug-

mentation de portée, et celles dues à la charge de 26 livres sont seules présentées sur le tableau ci-dessous. Les autres portées indiquées dans ce tableau sont le résultat du calcul avec les charges que l'on suppose devoir être employées dans le service. Pour toutes les portées, le canon est supposé à 10 pieds au-dessus du plan de chute des projectiles.

ESPÈCES DE BOUCHES A FEU.	POIDS DU BOULET ou de l'obus en livre (pound.)	Charge en livre (pound.)	But en blanc	5°	10°	15°	20°
				PORTÉES EN YARDS.			
Pièce de 130 du Pacha.	Boulet 128.	26	558	2151	3253	4040	4669
	Obus 82.	16	420	1767	2532	3130	3340
Pièce de 15.p. du Pacha.	Boulet 160.	45	333	1235	2130	2810	3370
	Obus 326.	45	367	1553	2534	3110	3500
Mortier de 25 du Pacha.	Boulet 1030.	45		700	1035	1693	1970
	Bombe 658.	45		907	1716	2078	2479
Canon des États-Unis.	Boulet 213.	30	460	1617	2600	3267	3730
	Obus 152.	30	400	1853	2759	3370	3924
Mortier français.	Bombe 1015.	30		400	834	1033	1317

En comprenant les portées indiquées ci-dessus avec celles obtenues dans le tir à bord de l'*Excellent* (tables V et VI), on verra aisément combien ces pièces, d'un poids énorme, ont, sous ce rapport, peu d'avantage sur les pièces plus maniables en usage dans le service anglais.

III.

Nouvelles bouches à feu pour tirer des boulets pleins.

205. On a fait observer (art. 138) que sir William Congrève fut le premier qui proposa de diminuer la quantité de métal à la volée du canon, et de l'augmenter vers l'emplacement de la charge, pour donner plus de solidité sans accroître le poids. Les pièces d'artillerie construites par cet officier étaient des canons de 24, longs de 7 pieds 1/2 et pesant de 40 à 42 cwt. Un certain nombre de ces bouches à feu constituait l'armement de la frégate *Eurotas* lorsqu'elle fut engagée avec la frégate française *Clorinde*, armée de 18 longs. Ces canons d'essai ne produisirent certainement pas autant d'effet en proportion de la durée de l'action (environ deux heures) qu'on en avait obtenu, dans beaucoup d'autres occasions, avec un nombre égal de 18 longs, ni à proportion de ce que *l'Eurotas* souffrit de *la Clorinde*. Cela est peut-être dû au manque d'une artillerie suffisante sur la frégate anglaise; mais le principal vice était dans les canons courts de 24, qui, malgré le succès obtenu dans les expériences de Sheerness (lorsqu'elles étaient un peu plus brûlées

que le 24 long, avec lequel elles subissaient une
épreuve comparative) agissaient avec violence sur les
affûts, lorsqu'elles étaient chauffées par le feu continu de ce combat prolongé. Cela est attribué en
partie à la grandeur du vent, en partie à la charge
trop forte (le tiers du poids du boulet), et aussi au
défaut de prépondérance de la culasse, les tourillons
étant placés trop en arrière.

Le général sir Thomas Blomfield construisit, vers
le même temps, un grand nombre de canons de 24
à peu près suivant les mêmes principes ; mais comme
aucune de ces sortes de bouches à feu ne fut considérée comme ayant réussi, on en coula d'autres d'a-
près le principe émis par M. Monk en 1838. Il consiste à proportionner le poids de la pièce à celui du
boulet (1) (environ 1 cwt. 3/4 par livre (pound) du projectile), et en même temps à augmenter le poids de
métal autour de la charge, en le diminuant à la
volée.

La proposition de M. Monk ayant été approuvée,
il appliqua d'abord sa méthode à la construction
d'un canon de 56, de 11 pieds de longueur, pesant
98 cwt. (table XVII), et il diminua tellement l'épaisseur du métal à la volée, qu'il put en ajouter environ 10 cwt. dans la partie environnant le cylindre de
la charge. Il augmenta ainsi considérablement l'é-
paisseur jusqu'à une certaine distance en avant de la

_____

(1) Comme dans le 32, destiné au service général.

14   TRAITÉ

charge, et fit une pièce beaucoup plus solide dans la
partie qui demandait plus de résistance, et néanmoins plus légère qu'aucune pièce de fonte coulée
précédemment. Le vent fut réduit de 0ᵖ,235, ou environ 1/33 de diamètre, à 0ᵖ,175, ou environ 1/44
du diamètre.

206. Vers cette époque, 1838, le canon le plus
lourd pour le service de la marine était le 32, de
9 pieds 6 pouces de long, pesant 56 cwt., le 42
ayant été rejeté, et n'étant pas encore remplacé par
un autre d'un modèle approuvé (voir l'art. 212);
mais des obusiers d'un grand calibre, pour lancer
des boulets creux et des obus, avaient été introduits récemment dans l'armement des vapeurs (1).

Que M. Monk voulût ou non présenter son canon
pour rivaliser avec l'obusier de 8 pouces, c'est in-
décis; mais que ces canons et quelques-autres d'un
grand calibre (le 68, de 95 cwt.) puissent lutter avantageusement avec les obusiers et se trouvent plus
efficaces pour les grandes distances, par conséquent
préférables pour armer l'avant des vapeurs, c'est
une vérité qui exige une sérieuse considération : en
conséquence, nous traiterons un peu plus loin ce
sujet. Son principal but en créant son canon de 56,
était d'obtenir de l'effet et de la justesse aux grandes
portées pour le service général, mais plus particu-

(1) En 1824, l'obusier de 10 pouces; en 1825, celui de 8 pouces
pesant 50 cwt et en 1838, celui de 8 pouces pesant 65 cwt.

lièrement pour la défense des côtes, pour lesquelles il est de la plus grande importance d'avoir de grandes portées du côté de la mer. Mais le canon de 56, de 87 cwt. étant actuellement en service dans la marine, il sera comparé plus loin, sous ce rapport, avec les obusiers et autres bouches à feu en usage dans ce service.

207. La table IV présente les portées obtenues, avec le 56, lors de son essai à Deal en 1839 avec la charge de 16 et 17 livres de poudre, et sous divers angles; on peut remarquer que sous un angle de 32°, avec une charge de 16 livres, son boulet est porté à la distance de 5,720 yards, dépassant de 860 yards la portée du 32 avec une charge de 12 livres (table I) et à peu près le même angle.

L'expérience a démontré, que la charge de 16 livres donne pour le boulet plein, des portées aussi longues, si ce n'est plus longues, que la charge de 17 livres. En conséquence, 16 livres de poudre, sont la charge maximum adoptée pour ces canons.

Un canon lourd de 43, du poids de 80 3/4 cwt. (216 fois le poids de son boulet), fut comparé avec un canon de 56 du poids de (90 1/2 cwt.) 236 fois le poids du projectile sous un angle de 15° le plus élevé qu'on puisse donner à la pièce de 42; il fut également comparé à une pièce de 10 pouces de 85 cwt. avec boulet creux, voici les portées obtenues :

Le 56 (table IV),   4,087 yards.
Le 42,   3,732 id.
Le 10 pouces (table I), 3,546 id.

Les essais comparatifs entre le 56 et le 32, furent
poussés jusqu'à l'angle de 33°, mais au 60ᵉ coup, le
32 éclata.

Un canon de 68 pesant 110 cwt., ensuite un autre
pesant 112 cwt., furent proposés. Le premier fut essayé avec la charge de 18 livres (1/3.77 du poids
du boulet, le 2ᵉ avec une charge de 20 liv. 1/3.4
du poids du boulet), tous deux avec des boulets pleins;
mais leurs portées ne furent pas supérieures, si elles
furent égales à celles du 56, avec la charge de 16 livres ou 1/3.3 du poids du boulet. Une des meilleures
pièces en service, est le 68, tracé par le colonel
Dundas, sa longueur est de 10 pouces et son poids
de 95 cwt. Sa plus grande charge de service est 16
livres ; sa charge d'épreuve 25 livres. (Voir fig. 12,
planche II.)

208. On eut l'intention d'aléser toutes les pièces
de 24, de 6 et 9 pieds, au calibre de 32, mais dans
les essais faits avec un grand nombre d'entre elles,
elles échouèrent en partie, à cause de la réduction du
vent de 0ᵖ,21 à 0ᵖ,15, en partie à cause de l'accroissement du poids du boulet, par ces causes, quoique
la diminution du métal fût en elle-même peu considérable, la solidité des canons fut tellement diminuée, qu'ils ne purent résister aux charges. Il devint

donc nécessaire, de s'occuper d'un nouveau canon
de 32, pièce intermédiaire comme on l'appelait,
pour compléter la série jusqu'à l'ancien canon de 32
pesant 56 cwt., de 9 pieds 6 pouces de long.

En conséquence, M. Monk appliqua sa méthode à
la construction d'une nouvelle pièce de 32 de 50 cwt.,
ayant 9 pieds de long, et donna l'excellent canon
marqué A (table XVII, voir fig. 13, planche 2).

Quoique pas plus lourd que l'ancien 24 de 9 pieds
6 pouces de long, il a plus d'épaisseur autour de la
charge que le 32, pesant 56 cwt., et son boulet porte,
avec 8 livres de poudre, à peu près aussi loin que
l'ancien 32 long, avec sa charge de 10 livres, malgré
qu'il ait 6 pouces de moins.

Cette excellente bouche à feu a maintenant généralement remplacé les anciens 24 de 50 et 48 cwt.
dans le service de la marine.

M. Monk appliqua ensuite sa méthode, avec quelques modifications, au tracé des pièces de 32 de
8 pieds 6 pouces et 8 pieds de long, désignées par B et C
(table XVII). On n'essaya pas moins de 4,279 de ces
pièces et de celles désignées par A, sans aucun échec,
quoique les épreuves auxquelles on les soumettait,
fussent bien plus fortes que celles appliquées aux
anciens canons, en ce que le vent était moindre et que
les charges d'épreuves dépassaient de 2 livres le double de la charge de service.

Tous ces canons entrent maintenant en grand
nombre dans l'armement de la marine anglaise, et

quoiqu'ils ne soient pas supérieurs en portée aux anciens 18 et 24 du même poids, et avec des charges
égales, ils ont un grand avantage sur eux par la
grandeur et la quantité de mouvements de leurs projectiles.

La table Ire présente les portées obtenues à Deal,
en 1839, avec les nouveaux canons de 32 A B C. Le
vent de ces canons est de $0_p,175$; mais en les adop-
tant pour la marine, le vent de celui de 9 pieds fut
porté à $0_p,2$ et le poids de celui de 8 pieds à 42
cwt (1).

___

(1) M. Daniel Treadwell, des États-Unis, exécuta seulement
pour les expériences, en 1844, quatre canons de 32 destinés au
service de la marine; ils étaient d'une construction nouvelle : ils
consistaient en un certain nombre d'anneaux ou cylindres creux,
l'un dans l'autre; la partie intérieure de chaque anneau, ayant 1[3
de l'épaisseur totale, est en acier, et l'extérieur en fer. Ces parties,
aussi bien que les différents anneaux, sont soudées ensemble, et
comprimées par une machine hydrostatique, qui exerce, dit-on,
une pression de 1,000 tonneaux, en sorte que les pores du métal
sont joints, et le métal condensé à un degré bien plus grand que
par la forge.

L'âme a 5 pieds 10 pouces de long, et le poids de chaque canon
est inférieur à 1,900 livres. Un de ces canons reçut une série de
charges commençant par 8 livres de poudre et un boulet, et fi-
nissant par 12 livres de poudre, cinq boulets et cinq valets.

L'inconvénient à craindre dans ces canons, c'est la grandeur du
recul.

L'inventeur a trouvé un moyen par lequel il pense qu'il pourra
être arrêté; mais il est douteux qu'il atteigne ce but.

209. La table XVII présente la comparaison des canons français de 30 livres longs et courts, avec les canons de 32 anglais. Les portées des canons français sont obtenues par interpolation, d'après la table, fondée sur les expériences faites à Gavre de 1830 à 1840. Tandis que celles des canons anglais sont prises dans les tables des expériences faites, en 1838 à bord de *l'Excellent*. De cette comparaison, on déduit les remarques importantes qui suivent :

Avec des charges de 10 livres, et au-dessous de l'angle de 8°, les portées des canons anglais sont supérieures à celles des canons français, bien que le vent des premiers soit plutôt plus grand que celui des seconds ; mais les différences sont surtout plus grandes entre 1° et 6°. Avec des charges de 7 et 6 livres, les canons anglais maintiennent leur supériorité de portée sous tous les angles, jusqu'à 9° ; les plus grandes différences sont sous les angles inférieurs à 7° ; mais une anomalie remarquable, c'est que lorsque les charges sont de 8 livres, et l'angle moindre que 4°, les portées des canons anglais sont considérablement moindres que celles des canons français. On peut remarquer, en outre, que conformément à la théorie, les portées des canons longs excèdent presque toujours celles des canons courts.

La table XIX contient un extrait de quelques expériences faites avec différents obusiers de 80 livres, ainsi qu'avec les canons français de 36 et de 50. En comparant les portées de ces derniers canons avec

celles du 32 anglais, dans la table XVIII, on voit que
les portées de ce dernier, avec la charge de 10 livres
et même de 8 livres, excèdent toujours celles du 36
français avec la charge de 13 livres, et qu'au-dessus
de l'angle de 4°, le 32 anglais de 56 cwt., avec une
charge de 10 livres, donne des portées plus grandes,
que le canon de 50 français, avec sa charge de 17
livres 10 onces.

210. Dans la dernière guerre et dans les guerres
précédentes, les canons de 42 formaient l'armement
du premier pont de quelques-uns de nos vaisseaux
de ligne, et ce système fut en vigueur jusqu'en
1839, lorsque le 32 de 50 cwt. (l'un des canons de
Monk) les remplaça. Actuellement, ni la marine
française, ni la marine russe n'ont supprimé le canon de 42, non plus que celui de 36. Et une or-
donnance du gouvernement français, en date de mai
1838, prescrivit de faire couler pas moins de 1,868
canons de 36, pour l'armement du premier pont des
vaisseaux construits avant 1834 : tandis que dans la
marine des Etats-Unis, non-seulement on conserva
le 24, mais le 42 fut monté sur le pont inférieur des
vaisseaux de ligne.

211. Trois canons de 42, chacun du poids de
67 cwt., furent construits en 1846 pour le service de
la marine, et essayés d'abord à Portsmouth, pour
s'assurer de leur portée, ensuite à Wolwich à outrance, pour éprouver leur résistance.

Un de ces canons fut tracé par le colonel Dundas,

un autre par M. Monk, et le troisième était un intermédiaire entre les deux tracés.

En mars 1846, ces trois canons furent reçus à bord de l'*Excellent*, pour être comparés entre eux et avec le 32 de 56 cwt., sous le rapport de leur stabilité, leur solidité et leurs portées. Après des épreuves qui durèrent 8 jours, on trouva que les 42 étaient d'admirables canons, également solides dans les feux rapides avec les charges établies (10 1\|2 livres avec un seul boulet et 6 livres avec double boulet), et que sous ce rapport, ils avaient l'avantage sur le canon de 32, dont la charge est de 10 livres ; leur recul était aussi moindre que celui de ce dernier.

On trouva néanmoins qu'il se manœuvrait plus difficilement avec 15 hommes que le 32 avec 13, et que pour mettre en batterie et donner la hausse, le dernier présentait beaucoup plus de commodité. Les portées de tous ces canons sont à peu près les mêmes, seulement le 32 pourrait avoir un léger avantage avec deux boulets.

Sous le rapport de la résistance des canons de 42, celui qui tira le plus souvent lança 305 boulets ; le n° 1 tira 40 coups avec deux boulets et deux valets en corde, et une charge de 10 1\|2 livres ; 10 coups avec trois boulets et trois valets en corde, et une charge de 12 livres ; mais il éclata au cinquième coup avec trois boulets et trois valets en corde, à la charge de 14 livres. Le n° 3 tira 40 coups avec deux boulets et deux valets, et une charge de 10 1\|2 livres ; 10 coups

avec trois boulets et trois valets à la même charge ;
mais il éclata avec trois boulets et trois valets à la
charge de 12 livres. Le n° 2 avait tiré 18 coups avec
deux boulets et deux valets à la charge de 10 1|2 li-
vres lorsqu'il éclata.

M. Monk, l'auteur du n° 2, ne put attribuer la
moindre résistance de son canon qu'à quelque infériorité dans le métal. On essaya la pesanteur spéci-
fique d'un petit cube de métal pris au même endroit
dans chaque canon. Le résultat fut :

$$\left.\begin{array}{l} \text{Canon } n° 1, \quad 7,2375 \\ \qquad \quad n° 2, \quad 7,3112 \\ \qquad \quad n° 3, \quad 7,1954 \end{array}\right\} \begin{array}{l} \text{La pesanteur spécifi-} \\ \text{que de l'eau étant 1.} \end{array}$$

M. Walker, le fondeur, constata que ces canons
avaient été coulés exactement avec la même matière :
une certaine portion de métal d'anciens canons, quelques saumons de fonte refondus, quelques autres
tels qu'il les avait achetés. M. Walker est convaincu
qu'il n'y a pas l'ombre de différence entre la nature
du métal de chacun des canons.

Les affûts se comportèrent bien jusqu'à l'explosion
des canons qui les détruisit. La conclusion est que
l'éclatement prématuré du canon n° 2, doit être attribué à l'infériorité du tracé. Les charges de poudre étaient prises chaque jour dans le laboratoire.
Le diamètre moyen des boulets était de 6",775.

Le canon n° 1 (voir table XVII) du colonel Dundas
fut proposé pour être adopté dans la marine à cause
de sa plus grande résistance, et fit par suite partie de

l'armement du premier pont, du *Blenheim* et de l'*Ajax*, vapeurs de garde, mais ayant été trouvés trop lourds et exigeant pour leur manœuvre un nombre d'hommes qui encombraient les batteries des petits vaisseaux de 74 canons, qui composaient les vapeurs de garde, ils furent retirés et remplacés par des canons de 32 de 56 cwt.

IV.

Nouvelles bouches à feu pour obus et boulets creux.

212. Les bouches à feu de gros calibre, pour lancer des obus et des boulets creux, furent introduits dans la marine anglaise après l'adoption des canons Paixhans en France en 1824 (voir la section sur les armements étrangers et le système d'obus de la France dans un ouvrage qui paraît), comme pièces d'artillerie analogues ou correspondantes (1).

---

(1) Le canon a bombe Paixhans, primitif, est environ plus lourd de 8 cwt., que l'obusier anglais de 8 pouces de 65 cwt., et il a 4 pouces de longueur de plus ; mais par une judicieuse distribution du métal, le canon français est tellement renforcé vers la chambre ou la place de la charge, qu'il peut être tiré avec des boulets pleins de

Dans cette année, on établit d'abord la pièce de
10 pouces, longue de 9 pieds 4 pouces, et pesant 85
cwt. ; mais, étant trouvée trop lourde pour les vaisseaux ordinaires, la pièce de 8 pouces, longue de
6 pieds 8 pouces 1|2, e pesant 50 cwt., s'introduisit ;
cette bouche à feu fut cependant trouvée trop légère et trop courte pour l'armement des grands vaisseaux de guerre ; et enfin en 1838, la pièce de 8 pouces, de 9 pieds de longueur, pesant 75 cwt., fut créée
(voir fig. 1 pl. II) ; elle est maintenant devenue l'arme
favorite dans le service de la marine anglaise, et elle
fait largement partie de l'armement des navires de
tout rang et de toute classe, pour les batteries de bordées aussi bien que pour les pièces à pivot des vapeurs.

La table XVII contient les poids et dimensions des
obusiers anglais, avec leurs charges normales, et la
table V présente les portées obtenues dans les expériences faites en 1838 à bord de *l'Excellent*. L'insuf-
fisance supposée aux obusiers pour supporter des
charges capables de lancer des boulets pleins, qui,
ayant 10 et 8 pouces de diamètre, pèsent respectivement 130 livres et 68 livres, est causé que jusqu'à ces
derniers temps, ce genre de pièces fut restreint à

---

86 à 88 livres avoir-du-poids et des charges de 10 livres 12 onces.
On trouva aussi dans les expériences faites dans la rade de Brest,
qu'il peut supporter sans accident une double charge, soit deux obus
pesant ensemble 133 livres environ, avec une charge de 10 livres
12 onces, soit deux boulets pleins pesant ensemble de 174 à 176
livres, avec une charge de 21 livres 8 onces.

lancer des boulets creux ou obus avec des charges ne
dépassant pas 10 livres et qu'on leur interdit le tir à
double boulet (1). Cette restriction n'existe plus pour
l'obusier de 8 pouces de 65 et 60 cwt. (art. 243).

213. Ici, il y a une anomalie évidente dans le vent
pour les projectiles employés à terre ou en mer,
avec l'obusier de 8 pouces pesant 65 cwt. dont le diamètre est de 8 pouces 05. Pour le service de mer, le
diamètre du boulet creux ou de l'obus est environ 7",925 ; le vent est conséquemment 0",125.
Dans le service de terre, l'obusier de 8 pouces

---

(1) Voir les expériences faites à bord du vaisseau de S. M. l'Excellent, de 1832 à 1849 (p. 11). Avec la pièce de 8 pouces, à chambre, pesant 65 cwt. et une charge de 10 livres, on emploie des boulets creux bouchés avec du fer et pesant 56 livres, et des obus pesant 48 livres qui vont avec leur charge d'éclatement (de 2 livres
11 onces), à environ 51 livres. L'obus ordinaire, employé avec les
obusiers de 8 pouces, pour le service de terre, pèse 46 livres, et
quand il a sa charge pour le faire éclater 48 livres. Le boulet
creux, employé pour ces mêmes pièces, est du même poids que
l'obus rempli, c'est-à-dire 48 l., y compris la cheville de fer qui
le bouche. Les obus sont coulés plus minces que les projectiles
qu'on appelle boulets creux, à cause de la grande quantité de poudre
qui, autrement, serait nécessaire pour les faire éclater : et on peut
faire observer ici, qu'il faut une moindre quantité de poudre pour
faire éclater l'obus de 8 pouces, avec la fusée ordinaire en métal, qui
y est vissée, que quand on emploie les fusées en bois de Freeburn.
Le diamètre de l'œil était pour les fusées de métal de 0",86 et pour
les fusées de bois 1p,15. Il paraît que les obus munis de fusées de
métal éclatent avec plus de violence et sont plus destructives que
ceux auxquels on a adapté des fusées de bois (voir sect. VII, 3e
partie : Fusées en métal).

est chargé avec les obus pour mortier et obusiers
du diamètre de $7^p,86$, et le vent est de $0^p,19$.
La différence entre les vents est petite, néanmoins
l'étendue et la justesse des portées en est considérablement affectée, et il n'y a pas de bonnes raisons
pour ne pas avoir le même vent en égalisant les
poids des projectiles pour les deux services. Tant
qu'il n'en sera pas ainsi, il y aura des méprises sur
les résultats dus aux différences de poids et de diamètre des projectiles employés pour le même calibre dans l'artillerie de terre et dans la marine.

214. Dans le service anglais, les obusiers ont une
chambre à la Gomer (voir fig. 14, pl. 2), l'âme étant
diminuée du côté de la culasse, de manière à former
un tronc de cône, comme dans les caronades citées
aux art. 128 et 129. Cette forme de chambre, qui
dans le principe avait été adoptée pour les mortiers,
s'applique mal aux obusiers ou canons obusiers qui
doivent être tirés horizontalement à cause de la difficulté de maintenir à leur place les charges réduites
dans des cartouches qui ne remplissent pas la chambre, sont disposées à glisser le long de la surface
conique où elles sont placées et causent des ratés. Cet
inconvénient a été constaté dans les expériences faites
à bord de *l'Excellent* (12 octobre 1838) et sur d'autres vaisseaux. L'auteur en a été souvent témoin,
une fois entre autres à Woolwich (juillet 1849), où,
après avoir brûlé plusieurs étoupilles, on ne put faire
partir la charge qu'en introduisant par la lumière
des grains de poudre dans la chambre.

La chambre des canons obusiers français est cylindrique, reliée à l'âme par un raccordement en
forme de tronc de cône (fig. 20, 21 et 22, pl. 1);
ainsi la cartouche est moins sujette à se déplacer que
quand toute la chambre est conique. Il y a cependant
une plus grande difficulté à l'introduire, et les Français aussi bien que nous éprouvent les inconvénients des pièces à chambre; mais nos voisins, toujours prêts à adopter des procédés qui permettent
de charger et tirer promptement, ont tourné la difficulté en donnant à la cartouche la forme de la
chambre elle-même (1).

Lorsqu'on emploie de plus petites charges, les cartouches ont un diamètre moindre, mais leur longueur
reste la même, et ainsi une extrémité de la charge
est toujours en contact avec le boulet.

---

(1) Dans ce but, la cartouche est faite sur un mandrin en bois,
d'une forme correspondant à celle de la chambre, une moitié de
sa longueur est cylindrique, l'autre a la forme d'un tronc de cône,
les parois sont de fort papier (papier parchemin) et l'extrémité
qui est hémisphérique, est de parchemin qu'on trempe dans l'eau
et qu'on applique sur la partie sphérique du mandrin, en le maintenant avec du fil à voiles. Lorsqu'il est sec, on l'enlève, et l'on
colle au petit côté du tronc de cône.

La cartouche ainsi préparée et chargée de 2 kilos, ou $4^l,6^{on},4$
de poudre, a 23 centim. $9^p,06$ de long depuis l'extrémité de la
partie hémisphérique, jusqu'à l'extrémité du cylindre. Elle a été
plusieurs fois pressée dans l'obusier sans inconvénient; elle a été

215. Il y a de fortes objections à faire contre la chambre des obusiers, dans le service de la marine, particulièrement pour les batteries de bord. En pleine action, il est indispensable d'employer tous les moyens pour obtenir avec sécurité et régularité un feu vif. Mais avec des bouches à feu à chambre, il faut apporter le plus grand soin dans le chargement à cause de la difficulté, dans un feu vif, de placer convenablement une petite charge, et du risque de la déranger en avançant le canon : pour l'empêcher, il devient nécessaire de placer un valet en couronne au-dessus de la charge (1).

216. La nécessité d'employer des chambres pour les obusiers, aussi bien que pour les caronades, vient du peu de poids de métal de ces bouches à feu relativement aux projectiles qu'ils lancent, en sorte qu'il est nécessaire de donner plus d'épaisseur autour de la charge qu'ailleurs pour contenir la force expansive de la poudre enflammée et ne pas risquer de

---

ensuite retirée sans trace du frottement, que les anciennes cartouches éprouvaient, au raccordement de la chambre. Ce mode de fabrication de cartouches paraît fastidieux, mais il est aisé de voir que plus tard il pourra être simplifié. En attendant, l'adoption de ce chargement des obusiers donne bien plus de facilité, et est d'ailleurs semblable à celui des canons et caronades.

(1) Cet inconvénient des chambres est présenté fortement, dans un rapport de quelques expériences, sur ce que les Français appellent la charge simultanée. (Voir art. 217. *Note.*)

briser la pièce. Ce surcroît d'épaisseur est obtenu en
rétrécissant l'âme vers la culasse et formant ainsi ce
qu'on appelle la chambre.

217. Le canon-obusier, construit primitivement
pour le service de la marine française, par le colonel
Paixhans, était de 9 pieds 4 pouces de long et pesait environ 74 cwt. Son but était de lancer des
boulets pleins de 80 livres (86 1|3 livres anglaises)
ou des boulets creux pesant 56 livres (60 1|2 livres
anglaises); il fut plus tard désigné sous le nom de
canon-obusier de 80, n° 1, de 1841. La charge de ce
canon variait de 10 livres 12 onces à 18 livres de
poudre ou du huitième au cinquième du poids du
boulet plein; le diamètre de l'âme est de 22 centimètres, 8ᵖ,65. Le diamètre de la partie cylindrique de la chambre était à peu près égal à
l'âme d'un canon de 24 français : par conséquent le
rétrécissement était considérable; il était cause de
la difficulté de mettre la cartouche en place. Un
autre inconvénient venait de ce que la mire étant
trop proéminente sur le bourrelet de la volée, heur-
tait la charpente des sabords lorsque la pièce était
pointée sous un angle un peu élevé.

On a remédié à ces inconvénients dans un nouveau canon-obusier (n° 1, de 1842), (fig. 20, pl. 1) à peu
près égal au calibre du premier; le diamètre de sa
chambre est celui du 30 français, et par conséquent
la diminution de l'âme est moindre que dans le premier; cette pièce a aussi, pour recevoir la mire, un

support sur le renfort, au commencement de la volée, tandis qu'auparavant la mire était tenue par un
collet entourant le canon (1).

A une époque antérieure (1328), on essaya un
autre modèle de canon-obusier de 80, mais le recul
fut trouvé trop grand, et pour cette raison, on le re-
jeta. On coula un nouveau modèle du n° 1, de 1842,
modifié et désigné par le n° 2, pour l'armement des
frégates de seconde et troisième classe (fig. 21,
pl. 1) ; sa charge est de 3 kilos (6 livres, 10 onces).
Il est destiné à donner des portées modérées, la
hausse n'étant graduée que pour 1,200 yards.

Les 18 canons de 80 qui ont été placés, pour être
expérimentés sur le premier pont de la frégate *Psyché* sont de cette sorte. (Voir la section sur les arme-

---

(1) A cause du grand étranglement de la chambre du canon qu'on
a cité d'abord, on a trouvé que la méthode d'introduire la cartouche et le projectile en même temps, ce que les Français appellent
la charge simultanée, n'était pas assurée, une charge ayant été
arrêtée dès le second coup dans les expériences (M. Charpentier
reconnaît que cette méthode a été proposée pour la première fois
par l'auteur de cet ouvrage) ; avec la chambre plus large, dont
nous venons de parler, elle réussit parfaitement.

Il a été établi, comme résultat de quelques expériences faites par
le commandant de l'escadre anglaise d'exercice, que quoiqu'on
retirât quelques avantages de la charge simultanée, pour les canons ordinaires, il n'est pas à désirer qu'on l'applique à aucun
des nouveaux modèles de pièces à chambre (voir les articles sur
le prompt changement, 4e partie).

ments étrangers dans un ouvrage qui vient de paraître « sur le tir des obus et la guerre des bâtiments à vapeur. »

Un autre genre de canons-obusiers de 80 avait les tourillons très en arrière pour donner plus de longueur à la volée. Cette pièce, plus légère que la première, fut essayée à bord de l'*Océan* en 1843, mais elle n'a pas été adoptée.

En 1848, un nouveau canon-obusier de 80 (n° 3) fut ajouté à ce genre d'artillerie dans la marine française ; sa charge est de 2 kilos 5 (5 livres 8 onces) pour les boulets creux et 2 kilos 6 (5 livres 12 onces) pour les boulets pleins (voir art. 198, note).

On introduisit dans l'artillerie de marine un canon-obusier de 150 dont l'âme était de 27 centimètres (10 pouces 6) ; mais son grand poids aussi bien que celui du projectile et la grosseur de ce dernier qui présentait des difficultés pour le transport et la manœuvre à bord empêchèrent probablement son adoption.

Il y a encore dans la marine française des canons-obusiers de 30 livres (fig. 22, pl. 1) ; leurs charges sont de 2 kilos (4 livres 6 onces) et 1 kilo 5 (3 livres 5 onces), l'âme a 16 centimètres ou 6 pouces 4, ils doivent tirer des boulets creux et pleins et sont approvisionnés en conséquence.

Outre les obusiers cités ci-dessus, des pièces de 24, 30, 36, 50 et des caronades sont spécialement destinées à bord des vaisseaux français à lancer des obus chargés.

218. De nouvelles expériences furent encore faites en 1850, sur l'importante question du modèle d'affût et du mode d'installation des bouches à feu à l'avant et à l'arrière des steamers de guerre, dans le but de décider entre le châssis à pivot et les affûts ordinaires avec roues, qui peuvent, suivant les circonstances, être transportés de batterie en batterie. Pour donner suite à ces expériences, plusieurs navires furent pourvus de canons montés suivant ces deux principes. Diverses espèces de châssis furent aussi mises en expérience, dans le service français, mais ils sont tous plus ou moins analogues à ceux en usage dans le service anglais. Le Cuvier et le Cassini furent pourvus de l'affût à double pivot (fig. 23), tel qu'il avait été essayé à bord de l'*Infernal*, tandis que le *Caméléon* et le *Pluton* (1) furent munis de l'affût à échantignole (fig. 24, Pl. 1). Les vaisseaux sont armés de 2 canons-obusiers de 80 et de 2 canons de 30 installés comme à l'ordinaire dans les batteries.

---

(1) La marine à vapeur de la France, consiste (*suivant l'état général de la Marine française, avril* 1850) en plusieurs vaisseaux de ligne convertis en steamers, par l'application du propulseur à hélice, et d'autres navires désignés ci-dessous :

Le grand désavantage des châssis à pivot, comme
ils étaient installés autrefois, est de forcer à supprimer le parapet dans l'action ; lorsque la pièce est
mise, ce qu'on appelle en barbette, les hommes qui
la servent sont exposés à être balayés, lorsqu'ils sont
à portée de la mousqueterie, des grappes ou de la
mitraille ; tandis que l'absence de tout abri, quelque

	NOMBRE.	FORCE de CHEVAUX.	CANONS
Le 24 Février, maintenant le Pré- sident....................	2	960	90
L'Austerlitz...................		500	100
Bâtiments mixtes auxiliaires :			
La Pomone..............		220	40
La Biche................	3	120	Inconnu.
La Sentinelle............		120	id.
Le Pingouin (en expérience)..			
Frégates à vapeur à flot........	20	3590	184
Corvettes à vapeur à flot........	24	6020	150
Paquebots à flot...............	54	6450	150
Frégates en construction.......	3	1620	36
Corvettes en construction.......	8	2960	60
Total pour les steamers français.	114	22560	

Les vaisseaux et autres bâtiments, compris dans l'état ci-dessus,
n'ont pas actuellement l'armement indiqué, mais le nombre des
canons est exactement conforme à ce qui est prescrit (voir Charpentier, p. 22, et *Aide-mémoire de la marine*, p. 320). Ce tableau
présente l'armement qu'aurait immédiatement la marine française en cas d'événement.

faible qu'il puisse être, outre le désavantage positif,
produit un effet moral fâcheux. D'un autre côté,
l'installation des pièces lourdes, dans des portières
ou embrasures qui limitent le champ de tir à 14 ou
15 degrés de chaque côté de la directrice, rend fréquents les changements d'embrasures nécessaires,
opération toujours difficile et pleine d'inconvénients
dans l'action, à cause du temps qu'elle demande, et
qui est presque impraticable lorsqu'il y a beaucoup

Le nombre total de bâtiments composant la flotte à vapeur
de l'Angleterre, était de 100 en mai 1849. Et quoique les steamers du commerce nous présentent de vastes ressources (Rapport
sur la marine à vapeur, *Journ. Parlem.*, 27 mars 1849). Elles ne sont
pas prêtes au commencement, c'est-à-dire au moment le plus
critique d'une rupture soudaine.

Losque l'on considère combien nos steamers sont dispersés dans
les diverses parties de l'empire britannique, et combien ceux de la
France sont concentrés près de ses côtes, cette comparaison est
peu satisfaisante.

Il résulte de cette statistique que le gouvernement français
s'attache plus au nombre qu'à la force des bâtiments à vapeur.
Cela indique sa tendance à agir temporairement contre notre commerce et nos côtes, plutôt qu'à diriger des opérations régulières
contre notre marine de guerre. Nous traiterons plus loin ce sujet
plus amplement.

La construction des vaisseaux a actuellement une grande acti-
vité à Cherbourg, où le *Phlegeton* de 450 chevaux et 2 autres vaisseaux, outre un brick de 1re classe, sont en construction. Le vaisseau de 1er rang le *Desaix*, va être mis sur la cale, que vient de
quitter le *Henri IV*.

de mouvement. Aucune décision connue de l'auteur n'a encore été prise sur cette importante question. Dans le service anglais, les deux principes paraissent avoir été heureusement combinés ; dans le système suivant, qui est très-simple, le châssis est installé de manière à passer sur des centres de déplacement et à prendre des pivots pour le combat, établis sur le pont et correspondant aux diverses embrasures que la pièce doit servir.

La méthode si simple de changer les centres sur lesquels tourne la plate-forme, de manière qu'elle puisse passer facilement du pivot de déplacement au pivot de batterie, qui fut appliquée par le général Millar, aux pièces de l'avant et de l'arrière des steamers, est déduite, ainsi que le reconnaît une lettre du général à l'auteur, d'un principe dont celui-ci fut l'inventeur en 1805, pour placer les canons sur les tours rondes et batteries circulaires (fig. 25.)

Une cheville, passant par le trou h, sur la queue du châssis , étant placée dans une lunette A, la pièce est tournée autour de ce point, dans la direction d'un rayon, passant par l'un des pivots de batterie a a' c c', etc., sur le cercle où ces points sont établis, la cheville étant retirée de la lunette A, et celle du pivot mise dans la lunette correspondante qui est cachée dans la figure et indiquée par une ligne ponctuée, venant de l'extrémité de la pièce, la plate-forme est tournée dans la position indiquée sur la figure. L'autre pièce est manœuvrée de la même manière. Et les deux canons peuvent être pointés sur le même objet. Tous deux à droite dans les positions d' et e' ou à gauche en d et e, ou un de chaque côté en d et e ou d' et e'.

Ainsi est évité le grand inconvénient de supprimer le parapet tout en conservant l'avantage de l'affût à pivot.

Dès la première application de ce principe, des embrasures de quatre pieds d'ouverture, avec des joues obliques, furent pratiquées dans le parapet; la traverse supérieure de ces portières se démontait lorsqu'on tirait sous de grands angles, tandis que dans les feux rapprochés les hommes étaient couverts autant que possible. Les embrasures admettaient trois positions de batterie en avant et autant en arrière; actuellement on a beaucoup élargi les portières pour augmenter le secteur de feux, et on a diminué la hauteur du parapet; on peut douter que ce changement soit une amélioration.

Une invention très-ingénieuse du colonel Colquhoun, officier habile et instruit du service du matériel, a été adoptée pour faciliter l'opération du changement de pivots sur lesquels passent les châssis, et pour établir, sur les ponts, des centres autour desquels les pièces sont tournées avec une grande facilité.

219. En 1842, des expériences furent poursuivies à Gâvre, avec des canons de 80; nous donnons ici les résultats de quelques-unes de ces expériences :

Avec deux boulets creux, n'ayant pas de valets entre eux, les projectiles sont toujours brisés en une multitude de fragments en sortant de la pièce;

Avec un boulet creux et un obus ayant un valet

entre eux, quand l'obus est près de la charge la fusée
est toujours écrasée ou brisée, quand il est de l'autre
côté et que la charge est forte, souvent l'obus, et
quelquefois les deux projectiles, sont réduits en
éclats.

Des expériences furent faites aussi avec un boulet
plein de 88 livres et un boulet creux de 57 livres.
Tantôt avec un boulet plein et une charge de grappe
de gros calibre, tantôt avec un boulet creux et une
charge de grappe; dans tous ces cas on obtint peu
d'effet, et il paraît que les obus, combinés avec une
charge quelconque, sont fréquemment brisés dans
l'âme.

Deux boulets pleins furent aussi tirés ensemble,
mais le recul fut si grand et la réaction sur l'affût si
violente que le tir à double boulet fut péremptoire-
ment interdit avec le canon-obusier de 80. En définitive, il paraît que la double charge n'est avanta-
geuse que dans quelques cas; et en conséquence, il
fut décidé qu'en règle générale, le tir de ces bouches
à feu serait restreint aux boulets creux.

220. Les ravages causés par l'explosion de bouches
à feu, à bord des frégates françaises *la Provence*,
la Vénus, *le Triton* et d'autres, d'abord devant Alger et ensuite à Brest, circonstances dans
lesquelles un grand nombre d'hommes furent tués
ou blessés, tandis que la terreur et la démoralisation
se répandirent parmi les équipages, engagèrent les
autorités françaises à appeler la plus sérieuse atten-

tion sur l'épreuve des bouches à feu employées à bord des vaisseaux de guerre.

Quant au canon-obusier de 80, dans une première épreuve, la chambre de la pièce fut entièrement remplie de poudre et il lança un boulet cylindrique de 53 kilos (116 livres avoir du poids).

Dans une seconde épreuve, il lança deux boulets cylindriques avec la même charge, et dans une troisième, trois de ces boulets, avec un valet en cordage, refoulé par trois coups par-dessus.

Les boulets longs ou cylindriques furent conservés pour cette épreuve extraordinaire du canon-obusier. Mais par une instruction d'avril 1837, il fut décidé qu'aucune des pièces soumises à cette épreuve ne serait mise en service.

On a vu souvent que des pièces qui avaient résisté à cette épreuve sévère, sans lésion apparente, étaient assez fatiguées pour céder dans le service avec la charge ordinaire ; et l'usage en France est de ne soumettre à cette épreuve extraordinaire qu'une pièce par coulée : les autres pièces de la même coulée ayant subi l'épreuve ordinaire sont jugées capables de supporter les charges extrêmes et par conséquent admises (1).

---

(1) Les charges d'épreuve des canons Paixhans sont : avec 2 obus pesant ensemble 132l,72 — 10 livres 12 onces de poudre ; avec deux boulets pleins, pesant ensemble 172l,69 — 21 livres 8 onces

Cette méthode d'éprouver la force des canons, plutôt par le grand poids du métal projeté que par de grandes charges de poudre, mérite d'être imitée pour l'artillerie de marine en général. Dans l'action, on ne peut commettre l'erreur de mettre dans une pièce double charge de poudre ou deux cartouches; mais après que les canons ont été chargés à charge complète, ou à la charge des grandes distances, avec un seul boulet, en entrant en action et arrivant promptement en deçà de 300 et 400 yards, il peut être subitement nécessaire de mettre un second bou-

---

de poudre, et la charge maximum avec deux boulets pleins est de 28 livres 1 once. La plus grande charge d'épreuve du canon obusier anglais de 65 cwt était, avant 1848, 20 livres de poudre avec un boulet plein, et un seul boulet creux devait être tiré par coup. Mais depuis, on a trouvé que cette pièce est capable de résister à de beaucoup plus grandes charges de poudre, et de tirer deux boulets creux à la fois (voir art. 243). La charge complète du canon-obusier français de 80 est pour le n° 1, 10 livres 12 onces. — Celle du canon obusier anglais de 8 pouces, pesant 65 cwt, est de 10 livres. Quoiqu'on ait dit précédemment que le canon Paixhans est borné au tir des boulets creux, grappes et mitraille, dans le service général, cela n'est pas dû à son incapacité de supporter l'emploi des projectiles pleins avec des charges convenables, mais à la difficulté et à l'inconvénient au transport, et du chargement dans les feux vifs, et un fort tonnage causé par le déplacement du vaisseau, pour un si grand poids : avec de petites charges, le canon-obusier de 80 peut lancer à la fois, sans danger et sans endommager l'affût, 200 à 300 livres de mitraille, roulante ou plongeante.

let, et en de telles circonstances, les marins dans
leur ardeur peuvent en mettre un troisième. Quoi
qu'il puisse arriver aux chevilles et aux braques, les
canons devraient au moins subir la plus forte
épreuve ; sous ce rapport toutes les pièces de la marine devraient être essayées pour s'assurer quelle
charge de projectiles ils peuvent supporter pour la
charge complète de poudre, et quoique, comme
dans les épreuves françaises, chaque pièce ne doive
pas être soumise à cette épreuve extraordinaire, cependant une ou deux de chaque coulée et de chaque
entrepreneur devrait être essayée à outrance.

221. En comparant les portées du canon-obusier
français de 80, n° 1, pesant 74 cwt, avec le canon-
obusier de 8 pouces anglais pesant 65 cwt, chacun
desquels sont regardés comme les meilleurs de leur
espèce, on arrive aux conclusions suivantes : prenant d'abord les expériences faites à Brest en 1821
et 1824 avec des obus pesant 60 1/2 livres et des
boulets pesant 86 1/2, le diamètre de l'âme étant
8 pouces 95, le vent 0 pouces 09 et la charge 10
livres, 6 onces ; et les expériences faites à bord de
l'Excellent en 1839 avec un boulet creux pesant 56
livres et un boulet plein pesant 68 livres. Le vent
étant 0 pouces 125 et la charge 10 livres, on a
trouvé que sous l'angle de 3° la portée du boulet
plein français excédait la portée du boulet plein
anglais de 651 yards, et la portée du boulet creux
français excédait celle du boulet creux anglais de

574 yards. Sous un angle de 16°, l'avantage des boulets pleins et creux français était respectivement de
336 et 400 yards. Si donc on ne considère que le
rapport des expériences françaises que nous venons
de citer, il paraîtra que sous le rapport des portées,
le canon-obusier français l'emporte beaucoup sur
l'obusier anglais, et en effet, un écrivain anglais d'un
grand mérite en a jugé ainsi; mais la comparaison
de portées plus récemment obtenues avec ces
bouches à feu françaises et anglaises, met hors de
doute qu'avec même charge et même angle l'avantage de portée est décidément en faveur de ces dernières.

222. Pour faire cette comparaison, les portées du
canon-obusier français de 80 ont été extraites d'une
table générale des expériences faites à Gâvre entre
1830 et 1840, les angles, dans cette table, étant réduits à l'angle au-dessus de l'horizon. Les portées
ont été réduites en *yards* anglais, et ensuite, par interpolation, à celles dues aux charges et angles pour
lesquels les portées de l'obusier de 8 pouces anglais
de 65 cwt avaient été données dans les tables des
expériences faites à bord de *l'Excellent* en 1839
(table V). Les boulets anglais et français étaient
creux et les poids des canons et des boulets. tels que
nous l'avons indiqué plus haut. Le vent du canon
anglais était de 0 pouces 125 et celui du canon
français de 0 pouces 1378.

Sur 14 portées obtenues de chaque bouche à feu

avec une charge de 10 livres et sous un angle variant
de 22' 30" à 13°, la moyenne des portées de la pièce
anglaise excédait celle de la pièce française de 114
yards , tandis que sur 7 portées de chaque bouche à
feu à la charge de 8 livres et sous des angles compris
entre 37' 30" et 2° 7' 30", la moyenne des portées
de la pièce anglaise excédait celle de la pièce française de 12 *yards*. Pour 3 de ces portées sous les
plus petits angles, l'avantage fut en faveur du canon
français, mais pour les 4 autres il fut en faveur du
canon anglais. Les portées obtenues par l'obusier
anglais de 8 pouces, pesant 60 cwt, furent comparées
avec celles du même canon-obusier de 80, avec la
charge de 8 livres et des angles variant entre 22' 30"
et 10°; on trouva que sur 11 portées de chacune de
ces bouches à feu, la portée moyenne de la pièce anglaise excédait celle de la pièce française de 11
yards, mais dans 4 cas l'avantage fut pour cette
dernière, la différence moyenne étant de 25 *yards*.

223. Des expériences qui ont été faites, à bord de
l'Excellent, avec un obusier de 8 pouces pesant 65
cwt, et double boulet, il ressort que ce mode de
chargement n'a pas un bon effet au delà de 200
yards (1). Dans ces expériences on prit pour but la

---

(1) Ce chargement est autorisé dans le combat. A 200 yards ou
en deçà, la charge maximum est de 5 livres , mais on n'admet pas
la charge à double boulet, avec une pièce de 8 pouces, pesant
moins de 60 cwt.

carcasse d'un vaisseau en démolition ; il consistait
en 2 bordages de 6 pouces d'épaisseur se croisant et
chevillés à une charpente de 12 pouces d'épaisseur.
Sur 3 salves, à la distance de 260 yards, avec 2
boulets pleins, à la charge de 5 livres, 5 boulets
traversèrent un côté du but et entamèrent d'un pouce
le côté opposé. A la distance de 100 yards, de 2
boulets tirés ensemble, 1 atteignit le margouillet
et l'autre à un pied de là. De 30 boulets pleins, tirés
deux à la fois avec un valet en cordage entre eux, 11
atteignirent le but ; et sur 30 autres tirés de la
même manière sans valet, un seul le frappa. Sur
11 salves, tirées avec un boulet et un obus ensemble,
avec sabot en bois, 3 obus furent brisés ; et sur 3
salves, avec 2 boulets séparés l'un de l'autre de 2
à 4 pouces, 3 boulets furent brisés.

En 1849, une double charge de boulets fut tirée
avec une pièce de 8 pouces, pesant 65 et 60 cwt,
dans des expériences faites à bord de l'Excellent
contre un but représentant une section de la Prin-
cesse Charlotte, entre la préceinte et le premier pont.
Les boulets étaient creux et pesaient 56 livres, la
charge était de 5 livres, là distance du but de 200
yards. A la première salve, les 2 boulets frappèrent le
but à 18 pouces l'un de l'autre (un d'eux traversa
une membrure et alla ricocher sur l'eau à 300 yards
du but).

V.

Sur les canons rayés se chargeant par la culasse.

224. La méthode de charger par la culasse n'est
pas nouvelle. Dans un ouvrage d'un Italien nommé
Morelli, imprimé au commencement du xvii° siècle,
il rapporte que les Vénitiens avaient beaucoup de canons se chargeant ainsi, et qui lançaient un boulet de
4 livres (1). Ceux qui lisent les ouvrages relatifs aux
antiquités militaires ont souvent rencontré la description de cette méthode primitive de chargement,
qui est maintenant renouvelée.

On peut voir beaucoup de modèles de ces canons
au Musée royal d'artillerie et à l'institution de l'United Service. Un des plus anciens est celui qui fut re-
trouvé dans les débris du naufrage du *Mary-Rose*,
sombré à *Spithead*, dans un combat avec les Français, en 1545. Il est fait de fortes barres de fer, maintenues par des anneaux de fer, et fixées sur un solide affût d'orme de 9 pieds 8 pouces de long. Il se
chargeait à la culasse par une chambre détachée,
qui était tenue en place par un coin d'orme.

Plusieurs anciennes chambres de canons de petit
calibre, en fer forgé du temps de Henri VII, ont été

_____

(1) Cet ouvrage a été traduit en anglais par Moore, vers 1650.

trouvées à Douvres. On a également trouvé la volée ou le corps de canons se chargeant de la même manière. Le diamètre de l'âme était de 1 pouce 1/2.

L'artillerie se chargeant par la culasse, au moyen d'une chambre détachée, est encore en usage en Chine ; et le *Jingal* de bronze, ou canon à tourniquet, de 1ᵖ7/8 de diamètre, est de cette espèce. Plusieurs modèles de ce genre peuvent être vus à l'institution de l'United Service. Un petit canon de bronze, du calibre de 4, avec une chambre détachée pour le charger par la culasse, et portant le chiffre de la Compagnie des Indes Orientales hollandaises, a été trouvée dans un îlot sur la côte d'Australie, où le bâtiment hollandais *Zeivyck* fit naufrage en 1727. Une pièce de bronze d'origine hollandaise, portant la date de 1650, a été récemment rapportée de la Gambie par le steamer de S. M., *Teuzer*. Elle est faite pour être chargée par la culasse, et la charge et le boulet sont maintenus dans l'âme par une cale ou coin d'une manière à peu près semblable au plan du major Cavalli. (Voir l'article suivant.)

Le chargement par la culasse paraît avoir été peu en usage pour les armes portatives. Il y a cependant à l'institution de l'United Service un petit pistolet de ce modèle du temps de Charles Iᵉʳ et deux carabines d'environ 1740 ou 1750.

225. On a vu, art. 180, qu'en 1846, des canons rayés en fer, se chargeant par la culasse, avaient été inventés par le major Cavalli et le baron Wahren-

dorff pour lancer des boulets cylindro-coniques et
cylindro-conoïdes. (Voir fig. 7 et 8 dans cet article.)

Dans ces canons, les moyens mécaniques d'assu-
jettir la culasse sont de beaucoup supérieurs aux procédés grossiers des anciens temps; mais il est encore
douteux, même maintenant, qu'ils offrent assez de
solidité pour assurer la sécurité, dans un feu continu, avec de fortes charges.

226. La longueur du canon Cavalli (voir pl. II, figure 15) est de 8 pieds 10^p,3; il pèse 66 cwt., et
son calibre est de 6 pouces 1/2. Deux rayures sont
taillées en spirale le long de l'âme, faisant à peu près
la moitié d'un tour dans la longueur, qui est de
6 pieds 9 pouces; la chambre, qui est cylindrique,
a 11^p,8 de long et 7^p,008 de diamètre. Quant au
vent, il faut remarquer que dans les armes carabi-
nées, qui lancent des projectiles de plomb de toute
forme, il n'en existe pas, et par conséquent, point de
déperdition de la charge. Mais il n'en est pas ainsi
pour les boulets de fonte lancés par les canons
rayés, puisque le fer ne peut se déformer pour remplir l'âme et entrer dans les rayures; il faut, par
conséquent, un peu de vent; et par le fait, s'il n'y
en avait pas, ou si la charge n'était pas de beaucoup
réduite, le soufflement par la culasse, accident qui
est arrivé au canon même de M. Cavalli, se présenterait souvent.

Immédiatement derrière la chambre, il y a une

entaille rectangulaire dans une direction horizontale et perpendiculaire à l'âme ; sa longueur est verticalement 9 pouces 1/2, et horizontalement elle est 5ᵖ,24 du côté gauche et 3ᵖ,78 du côté droit. Cette ouverture est destinée à recevoir une boîte en fer forgé, formant un fort coin ou cale qui, lorsqu'il est à sa place, couvre l'extrémité de la chambre la plus rapprochée de la culasse. Le projectile qui a été décrit art. 180, ayant été introduit à travers la culasse et la chambre dans l'âme, et la cartouche étant placée derrière, un culot ou fausse culasse de fonte est introduit et pénètre de 2 pouces 1/2 au fond de la chambre, derrière la cartouche ; une bague de cuivre, qui entre aussi dans la chambre, est placée par-dessus. Le coin de fer est alors poussé de droite à gauche jusqu'à ce qu'il ferme la chambre. Après le coup, le canon peut être rechargé sans retirer complétement le coin ; car celui-ci, étant plus court que l'entaille rectangulaire dans laquelle il glisse, peut être assez retiré pour permettre l'introduction de la nouvelle charge.

Pour expliquer l'effet de la bague de cuivre et du culot, il faudrait de nombreux dessins, et trop d'espace : ce n'est ni dans les convenances, ni dans le but de cet ouvrage ; pour tous ces détails, nous renverrons le lecteur à l'ouvrage de M. Cavalli, cité dans l'art. 180.

227. Le canon Cavalli est monté sur un affût de fonte, placé sur une plate-forme construite avec de fortes poutrelles de charpente. Lorsque la plate-

forme est horizontale, l'élévation maximum qu'on
puisse donner à la pièce est de 15°. Les angles sont
donnés par le moyen de coins ou cales gradués
qui sont manœuvrées en avant et en arrière par un
moyen très-ingénieux (une vis horizontale, qui se
tourne aisément avec la main). (Voir pl. V, fig. 7,
Mémoire de Cavalli.)

Un système pour empêcher le recul est approprié
à ce canon ; il consiste en une forte cheville de fer,
placée en avant et en dessous de l'affût et passant
dans une lunette fortement attachée en avant de la
plate-forme, la cheville étant assez longue pour laisser un peu de jeu à l'affût dans la secousse du tir,
et étant maintenue dans la lunette par une clavette
placée en dessous. La cheville remplit le double
objet : d'empêcher le recul et de servir de pivot pour
tourner la pièce sur la plate-forme. Le choc causé
à la plate-forme par la secousse et la réaction du
poids immense de la pièce et de son affût sont amor-
tis par l'élasticité de la plate-forme, qui se compose
de neuf fortes poutrelles posées sur de fortes tra-
verses. (Voir pl. IV du Mémoire.) Les extrémités
des poutrelles sont juxtaposées sans être liées l'une
à l'autre, de manière que chacune d'elles peut
exercer séparément son élasticité. L'ensemble forme
une surface très-élastique, capable d'amortir suffisamment la réaction de la pièce avec son affût dans
le tir et d'en supporter l'effet.

228. Dans les expériences faites à Aker en Suède

en septembre 1846, on a trouvé qu'à la charge de
69 livres 8 onces, et sous l'angle de 14° 45', la
moyenne du premier bond du boulet creux cylindro-
conique de 68 livres 13 onces à 69 livres 15 onces,
était de 3,329 yards, et la déviation moyenne 85
yards à droite. A la charge de 8 livres 13 onces et
sous l'angle de 13°, la moyenne du premier bond
était de 3,668 yards, et la déviation moyenne 100
yards à droite. A la charge de 6 livres 10 onces, sous
l'angle de 14° 30', la moyenne du premier bond du
boulet plein cylindro-conique, pesant 101 livres
8 onces, était de 2,592 yards, et la déviation moyenne
28 yards à droite; enfin, à la charge de 8 livres
13 onces, sous l'angle de 13°, la moyenne du
premier bond du boulet creux cylindro-conoïde
était de 3,818 yards, et sa déviation moyenne 99
yards à droite.

La supériorité de portée du boulet creux sur le
boulet plein s'élève, d'après ces expériences, à 1,000
yards; mais la déviation des boulets pleins est beaucoup moindre que celle des boulets creux.

La portée moyenne des boulets cylindro-conoïdes
l'emporte sur celle des boulets cylindro-coniques de
150 yards, et les déviations sont à peu près les mêmes.
On affirme que les projectiles ont constamment
frappé par la pointe.

229. Le canon rayé du baron Wahrendorff diffère
en quelques points de celui du major Cavalli (voir pl. II,
fig. 16); sa longueur totale est de 8 pieds 10",9; son

plus grand diamètre AB a 2 pieds $8^p,2$. Le diamètre
$a\,b$ de l'âme est de $6^p,37$ de la tranche jusqu'à
6 pouces de la chambre, où la partie $c\,d\,e\,f$ devient
conique, le diamètre $c\,d$ étant de $6^p,95$; le diamètre
de la chambre $c\,d\,g\,h$ est $7^p,5$. Un coin rectangulaire, de $12^p,2$ de long, $8^p,1$ de large et $4^p,25$ d'épaisseur (représenté fig. 17), glisse, à droite ou à gauche,
dans un canal pratiqué à travers la culasse transver-
salement, pour boucher, après que le canon est
chargé, l'ouverture par laquelle on introduit la
charge dans l'âme. Une entaille de $7^p,2$ de long sur
$0^p,7$ de large est faite dans le coin longitudinalement
et donne passage à une tige ou barre d'un tampon
cylindrique, qui maintient la charge en place. Ce
tampon (fig. 18) a $7^p,4$ de diamètre et $7^p,8$ de long,
et est pourvu d'une tige ou barre de $15^p,7$, à l'extrémité de laquelle est un écrou avec deux poignets.
Le tampon est introduit, à travers la culasse, dans la
direction de l'âme du canon, et sa tige passe à travers une ouverture pratiquée dans la portière qui
ferme l'orifice. Quand le canon est chargé, la portière est fermée, le tampon est poussé en arrière
de la charge au moyen de sa tige, et on fait glisser
le coin à sa place. On donne alors un tour de l'é-
crou de l'extrémité de la tige lorsque tout est serré
ensemble et la pièce prête à faire feu. Après le feu,
le coin est retiré, autant que le permet un point
placé à son extrémité, ajusté dans une rainure, et
cela permet juste de retirer le tampon, près de la por-

tière, dans l'espace *k* élargi pour le recevoir ; la portière est alors ouverte, et le tampon peut être retiré pour procéder à un nouveau chargement.

230. Quelques expériences importantes furent faites en 1850 , à Shœbury–Ness , avec les canons de Cavalli et de Wahrendorff en même temps que le 32 anglais, pesant 56 cwt. Des boulets cylindro-conoïdes étaient tirés avec les premiers, et des boulets sphériques avec le dernier. Et l'on peut dire que la valeur relative de ces divers genres d'artillerie a été en grande partie déterminée par ces expériences. Les canons étrangers étaient ceux qui avaient été fondus à Aker, et leur construction a été soigneusement et habilement décrite par le colonel Palisier, de l'artillerie royale.

Sous l'angle de 5°, angle efficace dans le tir usuel, les portées et les déviations des différents projectiles, furent à peu près égales entre elles, à la charge de 8 livres, il en fut de même avec des charges de 10 livres. Sous l'angle de 10° les portées des canons étrangers dépassèrent celles du 32 anglais, de 380 yards pour la charge de 8 livres , et 690 yards, pour la charge de 10 livres. Sous l'angle de 10°, ces différences furent, pour la charge de 8 livres 790 yards, et pour celle de 10 livres, 1100 yards. Les portées obtenues avec les canons Cavalli et Wharendorf, avec les mêmes charges et les mêmes angles , se rapprochent beaucoup de celles qu'ils donnèrent à Aker en 1846. Les déviations furent toujours dans la direction de la

rotation du projectile, mais elles sont si différentes
qu'on ne peut y remédier par le pointage dans le sens
opposé (1).

Il faut admettre que le canon de Wahrendorff a,
sous le rapport des portées, un avantage considérable
sur le 32 anglais, pour les grands angles ; mais il est
à remarquer que dans ce cas, le tir est très-incertain. De tels canons, ne peuvent entrer dans l'armement des vaisseaux de guerre, mais ils peuvent être
employés, dans des casemates, pour flanquer les dé-
fenses, ou dans les batteries de côtes, pour tirer à de
grandes distances.

Pour le tir à ricochet, on sent que le mouvement
rapide de rotation du projectile, et la proéminence
des ailettes qui le produisent dans l'âme, doivent,
lors de la chute, avoir de l'action sur la surface qu'ils
touchent, soit terre, soit eau. On en a une preuve
remarquable, dans les expériences récentes, faites à
Shœbury-Ness, quand, à chaque bond du boulet
cylindro-conique ou cylindro-conoïde, il prenait une
nouvelle direction, déviant de plus en plus à droite,
circonstance remarquable, qu'on rencontrera sans
doute toujours dans le tir par des armes rayées, soit
carabine, soit canon, de projectiles cylindro-coni-

---

(1) Voir les art. 192 et 193, pour la comparaison du tir des
projectiles sphériques ou conoïdes, lancés avec un canon de 32 et un
de 8 pouces.

ques. Lorsqu'on tirera à ricochet sur mer, il est
probable que le boulet pénétrera trop dans l'eau,
pour que la composante verticale puisse le relever.

Le canon de Cavalli fut mis hors de service après
avoir tiré quatre coups, à cause des dégradations de
la bague de cuivre ou de l'arbre au fond de l'âme.
Cela obligea à renvoyer le canon à la fonderie, pour
y remettre une nouvelle bague de cuivre. Pour cela
il fut nécessaire d'enlever un peu de métal du canon.
Avec quelque soin que se fît cette opération, elle ne
réussit pas, et à la première épreuve, la culasse en-
tière fut emportée (1).

Le canon de Wharendorff se comporta bien, le
coin résistant mieux à la force de la décharge, que
celui de Cavalli. Si, lorsque ce dernier éclata, il avait
été à bord d'un vaisseau, la culasse l'aurait traversé
ou du moins aurait fait une énorme brisure sur le

---

(1) De trois canons que le major Cavalli fit couler, un éclata à
la 1re épreuve en Suède, à ce qu'il assure, à cause de la mauvaise
qualité du métal, et le 3e éclata au 4e coup dans le tir à Shœbury-
Ness M. Cavalli prétend que l'exécution des dispositions mécaniques, pour fermer la culasse, sont loin d'être parfaites, et
il regrette que son échec dans ce pays empêche de rendre évident l'avantage de son invention. On dit que M. Cavalli attend de
son gouvernement une indemnité pour son système ; mais l'ayant
fait connaître à tout le monde par une publication avant les expériences, et ayant échoué, il ne peut plus attendre une indemnité,
qu'après de nouvelles expériences.

côté opposé, et par conséquent, outre le dommage réel, aurait produit le plus mauvais effet moral, sur l'équipage.

233. Le baron Wharendorff a inventé un canon de 24, qui se charge aussi par la culasse. Il est monté sur un affût de fonte, avec châssis ; comme il occupe peu de place, il paraît très-convenable pour les casemates. La partie supérieure de l'affût a de chaque côté, la forme d'un plan incliné, qui va en s'élevant vers la culasse, et se termine de l'autre côté, par une courbe dont la concavité est en dessus. Avant le feu, les tourillons restent près de l'extrémité la plus basse ; et lorsqu'on tire, le canon, par le recul, remonte les plan inclinés, sur lesquels glissent ses tourillons, jusqu'à ce qu'ils s'arrêtent. Après le recul, le canon revient en glissant sur les plans inclinés à sa première position, où il s'arrête, après quelques oscillations. L'axe du canon conserve constamment une position parallèle, en sorte que le pointage n'exige pas de rectification après chaque coup.

Ce canon est facilement manœuvré, par 8 hommes, et sans efforts apparents sur l'affût. Avec la charge de 8 livres et un boulet plein, le recul fut d'environ 3 pieds, et les tourillons n'atteignirent pas la partie supérieure du plan incliné, quoique la surface fût graissée.

———

VI.

Valeur relative des boulets pleins et creux.

On a comparé les bouches à feu anglaisés, destinées à lancer des obus (art. 221 et 222), avec les canons obusiers français, nous allons maintenant établir la même comparaison entre les premières et les
bouches à feu, destinées à lancer des boulets pleins,
qui sont actuellement en service dans notre marine,
afin de s'assurer si, en effet, les canons à obus possèdent réellement les qualités relatives à l'étendue des
portées, la justesse et la pénétration, qui garantissent
leur bon service comme pièces de pivot des steamers.
Et assurément, avec un poids égal ou inférieur, elles
possèdent ces qualités au plus haut degré. On se propose, en même temps, de s'assurer si les canons à
obus sont mieux ou moins propres que les autres au
service des batteries de bordées pour lesquelles la rapidité du feu et une forte pénétration sont des conditions essentielles.

235. D'après les formules relatives à la vitesse V
(art. 62, 64 et 69), il est évident que si des boulets
d'égal diamètre, mais de poids et de densité différents, sont lancés avec des charges proportionnelles

à leur poids, comme le tiers, le quart, etc., la vitesse
initiale sera à peu près la même : la seule différence
qu'il pourrait y avoir viendrait de la longueur de la
charge. Maintenant, puisque la quantité de mouvement, perdue par un court trajet dans l'air, est très-
petite, ainsi que le montrent les formules (art. 61),
il s'ensuit qu'un canon pointé de but en blanc, ou
sous un angle peu élevé, donnera des portées à peu
de choses près égales, pour un boulet soit plein,
soit creux, du même diamètre et avec des charges
proportionnelles au poids de chacun des projectiles.

Mais quand les angles augmentent de telle sorte
que l'étendue de la portée et la durée du trajet deviennent considérables, le boulet plein, à cause de sa
plus grande quantité de mouvement, conservera
plus de vitesse à la fin d'intervalles égaux, et ainsi
aura une plus grande portée (1). Puisque aussi
un boulet creux a une vitesse initiale plus grande
qu'un boulet plein, lorsque la charge est égale, même
lorsque la charge du premier est un peu plus faible,

(1) Ceci a été bien clairement prouvé, par les expériences faites à
bord de l'*Excellent*, avec un canon de 68 pesant 91 et 87 cwt et
un obusier de 8 pouces pesant 65 et 60 cwt. Les déviations latérales du boulet creux furent aussi beaucoup plus grandes que celles du boulet plein au delà de la portée de 3,000 yards. En
tirant contre un but, figurant le bordage d'un vaisseau, à 3,000
yards, on a trouvé une variation de 300 à 400 yards, dans les différentes portées du boulet creux, tandis que la différence des portées du boulet plein n'a pas excédé 200 yards.

il s'ensuit que de but en blanc ou sous un petit angle, la portée du premier est plus grande que celle du second. Cependant il arrivera, par les raisons données ci-dessus, qu'avec l'accroissement des angles, les portées et le temps du trajet augmentant, la diminution plus prompte de vitesse du projectile qui a le moins de poids, tendra à égaliser les portées, et à la fin, par un nouvel accroissement des angles et de la durée du trajet, les charges restant les mêmes, la portée du boulet plein excédera celle du boulet creux.

236. Lorsque la vitesse avec laquelle un projectile creux frappe un objet, comme le bordage d'un vaisseau, est moindre que celle d'un boulet plein frappant le même objet, pourvu qu'il pénètre, l'étendue de la brisure, aussi bien que les effets produits par les éclats et l'explosion du boulet creux, le rendent plus dangereux qu'un boulet plein. (Voir les art. 163 et 164.)

Mais quand, à cause de l'éloignement du but, il faut donner à la pièce de grands angles pour obtenir la portée voulue, la justesse du tir et la probabilité d'atteindre le but diminuent, et dans ce cas un boulet plein a l'avantage sur un boulet creux.

Ce dernier, même lorsqu'il est fabriqué avec soin, est plus sujet aux déviations latérales, surtout lorsqu'il est pris en travers par le vent, les déflexions sont très-grandes dans les portées, surtout vers la fin de la trajectoire. Les boulets creux et surtout les

obus, sont plus exposés que les boulets pleins à des
rotations irrégulières pendant leur trajet, à cause
que leur centre de gravité ne coïncide pas avec leur
centre de figure (voir art. 181 à 191). Et même sans
cette circonstance, cela peut être produit par l'impulsion donnée par la fusée, par le vide du métal dans
son emplacement, aussi bien que par les différences
d'épaisseur des parois, qu'il est rare qu'on ne rencontre pas dans les obus. Et cette irrégularité est
bien plus grande lorsque les obus sont en partie
remplis de plomb, de sable, où même de poudre
destinée à les faire éclater, toutes choses qui se dé-
placent, pendant la durée du trajet. Le désavantage
du changement partiel des obus devient évident,
puisqu'ils ne portent ni si juste, ni si loin que lorsqu'ils sont entièrement remplis de la matière de
leur chargement.

237. Pour confirmer ce que nous avons établi
ci-dessus, nous produisons les résultats suivants d'expériences :

En comparant ensemble l'obusier de 8ᵖ de 65 cwt,
et le 32 pesant 56 cwt, le premier lançant des boulets creux du poids de 56 livres, et le second des boulets pleins, la charge étant de 10 livres pour tous
deux, on trouvera, d'après les tables du tir à bord
de l'*Excellent* (voir tables V et VI), que sous des angles égaux depuis 1° jusqu'à 10°, les portées du 32
dépassent invariablement celle de l'obusier, les différences augmentant avec les angles, et étant à 10°

de 300 yards. De même avec des charges de 10 livres, le 32 dépassa les portées de l'obusier de 8ᵖ,
chargé avec des obus du poids de 51 livres, la différence à 10° étant de 460 yards.

Les portées du 56 pesant 98 cwt et 87 cwt, le
premier ayant une charge de 16 livres, le deuxième
de 14 livres, ont dépassé bien plus encore, sous des
angles égaux, depuis 1 jusqu'à 15°, les portées du
8ᵖ de 56 cwt, avec des charges de 10 livres, et lançant des boulets creux de 56 et 51 livres, les différences augmentaient graduellement avec les angles, et
étaient à 15°, environ 800 yards pour l'obus de 51 livres, et 447 yards pour celui de 56.

La table suivante extraite du tir exécuté à Deal,
en 1839, montre la valeur relative, quant aux portées, du 8ᵖ tirant à obus et d'autres pièces de fer
tirant à boulet plein.

Espèce de pièces.	Poids de la pièce.	Lon-gueur.	Vent.	Charge	PORTÉE EN YARDS sous les angles de					
Pi	Cwt.	Pi Po	Pouces.	Liv.	But en blanc.	1°	2°	3°	4°	5°
8	65	9. 9	0.125	10	474	805	1133	1323	1602	1920
32	56	9. 0	0.233	10	475	877	1311	1467		
32	63	9. 7	0.233	12			1366	1581	1832	1998
42	80	10. 6	0.175	14			1346	1605	1842	2086
56	97	11. 0	0.175	16			1350	1600		

238. L'obusier de 8ᵖ de 65 cwt est en outre inférieur pour les portées au 32, des boulets pleins étant
tirés avec tous deux ; car les expériences faites à
bord de l'*Excellent* montrent qu'à la charge de 10 livres, et sous des angles égaux depuis 3° jusqu'à 8°,
les portées du 32 ont dépassé celles de l'obusier de
quantités variant entre 250 et 300 yards. Les portées de cet obusier obtenues à bord de l'*Excellent*,
comparées à celle du 42 de 67 cwt, à la charge de
10 livres 8°, et d'un canon de 68 pesant 95 cwt, à
la charge de 16 livres à bord du même vaisseau,
ainsi qu'à celle du 32 de 56 cwt tiré à Deal, toutes
ces pièces lançant des boulets pleins présentent le
même résultat d'infériorité pour l'obusier. Mais on
en rencontre une preuve plus frappante dans la comparaison de cet obusier avec le 56 de M. Monk, pe-
sant 97 1|2 cwt, sa charge étant 17 livres (des bou-
lets pleins étant tirés par les deux pièces); les
portées obtenues de ce dernier à Deal (en 1839)
dépassent celle de l'obusier sous les mêmes angles
de distances variant entre 400 et 590 yards.

239. En ce qui concerne la vitesse et la pénétration du projectile, à différentes distances, la table
suivante fera voir, qu'un obus lancé par un obusier
de 8 pouces anglais, avec une vitesse initiale plus
grande, conserve à des intervalles égaux, la supériorité de vitesse et de pénétration sur un obus lancé,
pour un canon obusier français de 80, et qu'un boulet plein tiré par un canon de 68, avec une vitesse

ESPÈCE de bouche à feu.	VENT.	POIDS de la pièce.	Poids du boulet.	Charge.	Vitesse initiale en pieds par seconde.	Distance en yards de la pièce.	Vitesse avec distances correspondantes.	Proportion de la pénétration aux différentes distances
	Pouces.	Cwt. Po. Liv.	Liv.	Liv.				
Canon obusier de 80.	0.1378	73 3 14	588	10	1323	100	1225	6492
						500	915	3620
						1000	615	1879
Obusier de 8 po anglais.	0.125	65 » 60	56	10	1418	100	1324	6945
						500	1019	114?
						1000	753	2250
Canon de 68.	0.2	95	68	16	1280	100	1211	5812
						500	973	9799
						1000	765	2318
Canon de 56.	0.175	98	56	16	1646	100	1546	8934
						500	1213	5499
						1000	913	3115
Canon de 42.	0.2	67	42	10 1/2	1360	100	1273	5489
						500	988	3304
						1000	730	1849
Canon de 32 (1)	0.233	56	32	10	1600	100	1486	6819
						500	1116	3846
						1000	803	1991

(1) Le vent doit être réduit à 0p.2 dans un nouveau canon de

initiale moindre, a, au delà de 800 yards, une vitesse et une pénétration plus grande que celle d'un
boulet creux tiré par l'obusier de 8 pouces. On voit
aussi que les boulets de 42 et 32 livres ont, à égale distance, moins de pénétration, que ceux de cette dernière pièce, et que le boulet de 56 a, à la fois, une plus
grande vitesse initiale et une plus grande pénétration, que le boulet lancé par l'obusier de 8 pouces,
par conséquent, que celui des deux autres canons.

240. Dans quelques expériences faites à bord de
l'*Excellent*, avec un boulet plein et un creux, lancés
par une pièce de 68, avec la même charge et sous
les mêmes angles, les meilleures portées furent celles
du boulet creux; depuis le tir de but en blanc, jusqu'au
tir sous l'angle de 1 ° 3|4 inclusivement à 3 ° 1|8, les
portées furent à peu près égales : après quoi, jus-
qu'à 6 ° 7|8, la différence fut légèrement en faveur
du boulet plein ; le nombre de fois que le projectile
atteignit le but, fut aussi dans la proportion à peu
près de 5 1|2 à 4 en faveur du plus dense.

Dans les remarques sur ces expériences, il est constaté que le vent était très-fort et soufflait en tra-

32 de 58 cwt. Des expériences faites à bord de l'*Excellent* en 1847,
on a conclu qu'avec le canon de 32 de 56 cwt, dont la charge réduite est de 6 livres, le tir à double boulet peut être employé avec
certitude de pénétration, jusqu'à 400 yards avec le 32 de 42 cwt
et la charge de 4 livres jusqu'à 300 yards, et avec le 32 de 25 cwt
et la charge de 2 livres 1|2, jusqu'à 200 yards.

vers des trajectoires, et que les boulets pleins dévièrent moins que les creux, en partie à cause que le vent des premiers était moindre, en partie parce que les boulets creux, étant plus légers que les autres, donnaient plus de prise au vent.

Relativement à l'uniformité de la longueur des portées des projectiles pleins ou creux, tirés avec un obusier de 8 pouces, on a trouvé qu'à la distance de 3,000 yards, les différences de longueur de celles des boulets creux, allèrent de 300 à 400 yards, tandis que celles des boulets pleins ne dépassèrent pas 200 yards. On fit aussi des expériences avec des boulets creux et des obus chargés, lancés par une pièce de 8 pouces, et on trouva, qu'au delà de 1,500 yards, le tir était plus incertain avec les obus qu'avec les boulets, le nombre de fois que les premiers atteignirent le but, étant au nombre de fois que les seconds le touchèrent, comme 3 1|2 est à 5. On trouva aussi qu'il fallait donner 1|2 degrés de plus, pour avoir les mêmes portées avec les obus qu'avec les boulets creux, et que quand les obus étaient complétement remplis, ils portaient plus loin et plus juste, que quand ils ne l'étaient que partiellement, parce que la poudre, non maintenue, se déplaçait pendant le trajet. (Voir art. 191, 236.)

La table suivante, résultat d'expériences, est présentée pour montrer sous quels degrés, avec la même charge, les projectiles de 4 bouches à feu différentes, à boulet plein ou creux, atteignirent la même portée de 1,250 yards, le but était une cible, dans les marais à Woolwich à cette distance des pièces.

ESPÈCES de b. à feu.	Longueur.	POIDS de la pièce.	ESPÈCE et poids du PROJECTILE.		Vent.	Charge.	Angle.
	pi. po.	cwt.	liv.	p.	liv.	o.	
Canon de 56. {	11 0..	97	plein 56	0.175 {		16	2 1/8
	10 0	86				14	2 1/4
de 32.	9 6	56	id. 32	0.233		10	2 3/8
Obus de 10p.	9 4	84	creux 84	0.16		12	3 1/4
de 8p.	9 0	65	id. 56	0.125		10	3

Cette table montre que l'obusier de 8 pouces exige 5/8 de degré de plus que le 32, et on dit que son tir est moins bon, malgré que le vent du dernier soit plus grand.

242. En l'absence d'expériences spéciales, pour déterminer les déviations relatives du but, d'un boulet plein ou creux à différentes distances, on présente la table suivante, calculée par la formule, art. 90, en mettant la valeur du coefficient k pour les deux espèces de projectiles. Elle est tirée de la table de la suite des expériences de Gavre, Paris 1844 (page 42), et présente les déviations horizontales et

verticales (supposées égales), pour un 30 long, calibre français, et pour un canon obusier de 80.

ESPÈCES de BOUC. A FEU	Nature du projectile.	Diamètre du projectile.	Charges.	Distances en yards. 656 | 1094 | 1750 | 2188 Déviations horizontales et verticales.			
		pouces.	l. o.	pi. po.	pi. po.	pi. po.	pi. po.
30 long.	plein.	6.28	8 4.4	3 7	10 10	31 6	53 9
			5 8.2	3 11	12 2	39 9	59 4
	creux.	6.33	8 4.4	4 11	15 1	46 10	83 8
			5 8.2	5 3	16 9	51 6	91 10
Canon ob. de 80 n° 1.	plein.	8.61	7 11.5	2 3	8 2	22 4	38 4
	creux.	8.67	7 11.5	4 11	14 5	42 4	72 6

De cette table, il ressort que, pour toutes les distances, la déviation du boulet creux de 80, est à peu-
près double de celle du boulet plein.

243. Jusqu'à ces derniers temps, comme on l'a
fait observer, art. 212, les obusiers anglais étaient
restreints au tir d'un seul boulet creux, grappe et
mitraille; mais cette restriction était un inconvénient
manifeste dans le service, et la nécessité en étant douteuse, au moins pour l'obusier de 8 pouces, pesant
65 cwt., des expériences eurent lieu à Woolwich en
1848 et 1849, pour s'assurer combien de coups la

pièce que nous venons de citer, supporterait avec deux boulets, et quelle charge de poudre la ferait éclater. L'expérience décida, contre la nécessité de la restriction, au moins pour une pièce coulée comme celle qui fut éprouvée. C'était une bouche à feu de 8 pouces, pesant 65 cwt. 3 q⁰ 14 livres; longue de 9 pouces, coulée à la fonderie de Low Moor, distinguée par la solidité de ses moulages en fonte. Dans beaucoup d'autres occasions, lorsque les canons ont éclaté dans les expériences, on commençait par employer une forte charge; mais, ici, les premières charges furent faibles et ensuite on augmentait progressivement la quantité de poudre. Ainsi, en employant constamment deux boulets creux, pesant chacun 56 livres et un valet, on tira d'abord 60 coups avec 5 livres de poudre (demi-charge pour un projectile), ensuite 10 coups avec 6 livres, après 10 coups avec 7 livres, et ainsi de suite en augmentant d'une livre par chaque 10 coups, jusqu'à 230 coups qui furent tirés en tout; les dix derniers coups furent par conséquent à la forte charge de 23 livres. Ces charges furent admirablement supportées, mais le recul fut très-grand; malgré que la plate-forme ait une inclinaison de 2 1/2 degrés: avec une charge de 10 livres de poudre et un boulet creux, on eut un recul de 8 1/2 pieds; avec 5 livres et deux boulets, il fut de 14 pieds 4 pouces, mais avec 10 livres et 2 boulets, il ne fut pas moindre de 24 pieds. La pièce était montée sur un affût marin.

En janvier 1849, la même pièce fut employée, pour essayer son aptitude, à lancer deux boulets pleins de 68 livres, avec un valet en corde, elle supporta bien les deux premiers coups, chacun à la charge de 20 livres, mais au troisième, avec la même charge (c'était le 243ᵉ qu'elle tirait) et deux boulets pleins, elle éclata, ses fragments, ainsi que ceux de l'affût, furent projetés dans toutes les directions. En examinant le vent après le 220ᵉ coup, on a trouvé qu'il était arrivé à 0 p. 28 à la tranche, et à 1, 13 à la culasse. Cette épreuve rigoureuse semble avoir établi qu'on peut tirer avec sécurité deux projectiles avec l'obusier de 8 pouces, à des charges modérées.

224. On a aussi fait des expériences, avec un nouveau canon de 32, pesant 42 cwt. et venant de la même fonderie. Sa charge de service avec un boulet plein étant de 6 livres, on a obtenu les résultats suivants en employant constamment les boulets pleins et 2 valets. On tira d'abord 40 coups avec deux boulets et une charge de 6 livres ; ensuite 20 coups avec trois boulets et la même charge ; après, 20 avec trois boulets et la charge de 7 livres, ensuite 20 coups avec trois boulets et la charge de 8 livres, et ainsi de suite, la charge étant augmentée d'une livre à chaque 20 coups ; on alla ainsi jusqu'à 11 livres, lorsqu'au huitième coup, avec cette charge et trois boulets, la pièce éclata. Dans ces expériences, on consomma 404 boulets et 1,128 livres de poudre.

On essaya aussi à Woolwich deux canons de 32

qui avaient été fondus en Belgique , et la table suivante présente le nombre de coups que chacun
supporta.

Charge.	Nombre DE BOULETS.	Nombre DE VALETS.	Nombre DE COUPS.
liv. 8	2	2	40
8	3	2	20
9	3	2	20
10	3	2	20
11	3	2	9

Au dernier coup, une des pièces éclata , et son
explosion endommagea tant l'autre, qu'elle ne supporta plus qu'un coup et éclata au suivant.

Dans cette épreuve, on tira 287 boulets avec le
premier canon, et l'on consomma 959 livres de
poudre.

245. Outre les considérations sur l'étendue et la
justesse des portées, il faut aussi tenir compte des effets de la puissance de percussion des boulets et
obus : — C'est un objet qui n'a pas moins d'importance que les autres. On a déjà traité de la pénétration des boulets aux art. 80 et 98, et là on a re-

marqué qu'il fallait tenir compte des effets de la percussion des boulets ou obus de diamètres différents.
Un boulet plein ou creux, frappant une masse de
charpente, comme le bordage d'un vaisseau, écrase,
brise et fend le bois, dans une étendue qui dépend
en grande partie de la surface du projectile, ou de
l'aire de la section passant par son centre; et par conséquent, elle est proportionnelle au carré de son
diamètre. Ainsi un boulet creux d'une grande dimension produira une brisure plus grande, à cause de
la partie emportée par sa surface, qu'un boulet plein
du même poids, quoique ce dernier puisse pénétrer
plus profondément et, sous d'autres rapports, produire de plus grands effets sur le vaisseau.

Il est évident en outre que, dans le combat, l'effet destructif est proportionnel au nombre de projectiles qui frappent le but à une certaine distance.
L'expérience ne nous a pas fourni des éléments certains pour déterminer le nombre de fois que le projectile atteint le but à diverses distances, jusqu'à
celles au delà desquelles le tir est incertain, on suppose 2,000 yards. Et quoique, suivant M. Piobert
(art. 42), un gros projectile atteint plus fréquemment un but de petites dimensions, en deçà de 600
yards, qu'un petit, cependant il est probable qu'à
2,000 yards, les causes de déviations (en particulier
le vent soufflant en travers de la trajectoire) auront
plus d'effet sur un gros que sur un petit projectile,
et cela aura lieu certainement pour un boulet creux

plutôt que pour un plein, ce qui fera que, sur le
même nombre de coups, il atteindra moins souvent
le but. Cependant, en l'absence de documents suffisants pour établir ce point, nous supposerons que
les coups portant au but sont égaux pour toute espèce de projectiles, et alors on peut dire que l'effet
du projectile est proportionnel au carré de son diamètre.

Cela donne un grand avantage en faveur de l'obusier de 80, pris individuellement; mais il faut
avouer que l'étendue de la brisure n'est pas la seule
chose à considérer dans l'armement général des
vaisseaux.

246. On a déjà établi (art. 98) qu'il est douteux
si l'application des obusiers de 8 pouces, aux batteries de bord des vaisseaux de toutes classes, n'a pas
été poussée trop loin, quelques-uns étant principalement armés de cette espèce d'artillerie, et s'il
ne serait pas plus avantageux de limiter, dans tous
les cas, le nombre des canons-obusiers à une moindre proportion, et en les combinant judicieusement
avec d'autres bouches à feu les mieux appropriées
aux circonstances qui peuvent se présenter.

Tous les bâtiments, par leur déplacement d'eau,
ne peuvent supporter qu'un poids limité du métal
de leur armement, et ne peuvent aussi admettre
qu'un tonnage limité pour l'emmagasinement de
leurs munitions, projectiles et approvisionnements.

Les poids de l'obusier de 8 pouces et du canon de

32 sont respectivement 65 cwt. et 50 cwt., tandis
que les poids des projectiles, pour le 8 pouces et
pour le 32, en supposant un approvisionnement
égal pour chacun d'eux, sont comme 56 est à 32 ou
7 à 4 : d'après cela, on trouvera que 11 pièces de
8 pouces sont à peu près égales en poids à 14 de
32, en y faisant entrer celui des projectiles.

En attaquant un vaisseau ennemi, la somme des
fractures faites dans son bord par les 11 obusiers de
8 pouces de son antagoniste sera à celles produites
par ses 14 canons de 32, comme 704 est à 526 (en
supposant que tous les coups portent et que les fractures produites par les deux espèces d'artillerie soient
proportionnelles au nombre des projectiles et au
carré de leur diamètre) : c'est sans doute un grand
avantage en faveur du projectile de 8 pouces. Mais
n'est-ce pas une considération importante à faire entrer dans la question de l'armement, que le nombre
de coups plus grand tirés dans le même temps par les
14 pièces de 32 pouces que par les 11 obusiers de 8, ce
qui donne plus de chance pour endommager l'adversaire? Dans ce cas, le nombre des coups et la proportion de ceux qui toucheront le but seront entre
eux comme 14 est à 11, en supposant de part et
d'autre un feu aussi vif et une égale habileté. Cette
disproportion peut être difficilement compensée par
l'étendue des brisures.

C'est à peu près dans cette proportion qu'a été réduit le nombre des pièces dans un grand nombre de

bâtiments de la marine anglaise, nouvelles et anciennes frégates, corvettes, et particulièrement petits
navires (par exemple, *la Thétis, l'Inconstant, le Cas-
tor, le Cambrian, le Dédale*), afin qu'ils fussent armés de 32 de 56 cwt. et d'obusiers de 8 pouces.
Quelques frégates ont été réduites de 42 à 26 pièces,
d'autres de 46 à 24, 26 et même 19. (Voir réponse
de la Chambre des communes, 29 avril 1850.)

L'auteur émet, avec la plus grande déférence, l'o-
pinion que, dans la combinaison des canons de 32 et
des obusiers de 8 pouces pour l'armement des vaisseaux et autres navires, on a pris trop en considération le poids, et pas assez le nombre des pièces. Il
pense que le nombre des obusiers est trop grand
dans les batteries de bord de quelques vaisseaux de
guerre et autres bâtiments; beaucoup d'entre eux
ont, en effet, toutes les batteries d'un pont ainsi armées : *le Rodney*, 26 obusiers de 8 pouces; *le
Prince-Régent*, 32; *l'Albion*, 26; *l'Infatigable*, 28.
Il croit que ce sont des exceptions permises pour
l'expérience, comme dans le cas de la frégate
française *la Psyché* (1), pour quelque application spé-

---

(1) *La Psyché* est une exception à la règle; son armement fut
établi à Brest, en 1845, comme il suit :

Premier pont..... 18 canons Paixhans de 80 , n° 2.
  id.   ..... 2 30 longs à l'avant.
  id.   ..... 2 30 longs à l'arrière.

ciale dont son commandant était chargé. Toutes
ces expériences avec ce genre d'artillerie sont sans
doute très-désirables et ne peuvent pas être infruc-
tueuses.

248. A en juger par l'armement de leurs vaisseaux, les marines étrangères, relativement au pro-

---

Quatrième pont...   4 caronades de 30,
Gaillard d'arrière.   4 30 longs.

Cette frégate, quoique classée au budget comme un bâtiment de
40 canons, ne fut construite que pour en porter 32, elle n'en avait
que 30 en 1845. Son équipage était celui d'un bâtiment de 40 sur
le pied de guerre, savoir : 326 hommes; sa charpente est plus
forte que celle d'aucun navire de 46.

Les 18 canons de 80 du premier pont de la *Psyché* étaient des canons-obusiers de 80 de Paixhans, n. 2 (voir art. 248); ils ne pèsent
que 53 cwt. 2 quarters 14 livres (le canon Paixhans, n. 1, est de
71 cwt. 2 quarters 15 liv.), la charge est 6 liv. 9 onces. La chambre
pour le n° 1 est un cylindre du diamètre du canon de 24, elle est portée au calibre de 30 pour le n. 2; de sorte que le rétrécissement de
l'âme, étant moindre, on écouvillonne plus promptement, la cartouche est plus aisément mise en place, et la charge simultanée facili-
tée. Les canons-obusiers de 80, n. 2, n'ont pas de grandes portées; ils
sont établis pour des portées modérées; leur plus grande hausse
n'est graduée que pour 1,300 yards au plus, ce qui prouve que
leur tir n'est pas efficace au delà, et que par conséquent la *Psyché*
doit éviter une action à de plus grandes distances, conformément à
la résolution d'une commission, composée des principales autorités de la marine, du génie maritime, de l'artillerie de mer (voir
Paixhans sur une arme nouvelle, et aussi expériences faites par la
marine, pages 44 et 58), et d'accord avec l'opinion et l'avis du
comité consultatif de la marine, du 17 juin 1824, *ibid.*, page 49.

blème concernant la relation du poids et du nombre
des canons, ont eu plus d'égard que nous au nombre. Ce problème est un de ceux qui ont été le plus
discutés, et, dans la plupart des services étrangers,
on a adopté des limites au nombre des obusiers à
admettre dans l'armement des vaisseaux, mais nulle
part on ne les a étendues à l'armement d'un pont
entier. D'après un règlement d'avril 1838, les vaisseaux français de premier rang devaient avoir leur
pont supérieur armé de 34 canons-obusiers de 80;
mais, par un nouveau règlement (1849), ils ont été
remplacés par des canons de 30, n° 3, ce qui prouve
que, calibre pour calibre, les Français préfèrent les
canons aux pièces à chambre. Par le décret de 1838,
le nombre des canons-obusiers, sur les vaisseaux
de ligne, est limité à 4 de 80; mais leur nombre
s'accrut ensuite par l'introduction de 6 autres, du
modèle n° 2, sur le pont du milieu des vaisseaux de
premier rang et sur le pont supérieur de ceux de second rang, et de 4 du même modèle sur le pont supérieur de ceux de troisième rang.

Suivant le décret du 27 juillet 1849, le nombre
des canons-obusiers et des canons fut fixé, ainsi qu'il
suit, à bord des vaisseaux de guerre français : Les
vaisseaux de 112 devront avoir 4 canons-obusiers
de 80, n° 1, sur le premier pont, 6 n° 2 sur le pont
intermédiaire, et 6 canons de 50; le reste de l'armement, depuis le premier pont jusqu'en haut, se
compose de canons de 30, n° 2, 3 et 4. Les vaisseaux

de 90 doivent porter 4 canons-obusiers de 80, n° 1,
sur le premier pont, 6 n° 2 sur le dernier pont ; le
reste de l'armement consiste en 6 canons de 50 et
en canons de 30, n°ˢ 1, 2 et 3. Les vaisseaux de 82,
nouveaux modèles, seront armés de la même manière avec 10 canons-obusiers de 80, n°ˢ 1 et 2. Le
vaisseau de 80, ancien modèle, appelé 86, devra
avoir 4 canons-obusiers de 80, n° 1, sur le premier
pont, et 4 du modèle n° 2 sur le dernier. Les vaisseaux de 70, ancien modèle, appelés 74, devront
avoir 4 canons-obusiers de 80, n° 1, et 24 canons
de 36 sur le premier pont. Aucun canon-obusier
ne sera sur le pont supérieur. Les frégates de second et troisième rang et rasées seront armées sem-
blablement ; elles auront chacune 2 canons de 50.

249. La proportion des obusiers varie beaucoup
à bord des vaisseaux anglais, même pour ceux de
même classe. (Voir *Parlementary paper*, mai 1849.)
Les vaisseaux de premier rang ont 12 obusiers de
65 et 52 cwt., les vaisseaux de la classe du *Rodney*,
Albion, *Prince-Régent*, ont chacun 26 obusiers de 8
pouces, le *Prince-Régent* en a 32 qui, pour l'essai,
sont tous placés sur le premier pont. Les feuilles du
Parlement n° 126 (Rapport daté du 10 mai 1849,
service des magasins) montrent que le nombre total
des obusiers de 8 pouces pesant de 65 à 52 cwt. à
bord des vaisseaux et autres navires de la marine
anglaise, était à cette date de 2,238, et le nombre total
des canons de 32, pesant de 56 à 42 cwt. de 8418,

dont 3,320 de 56 cwt. Sur les vaisseaux de guerre
de ligne, le nombre total des obusiers de 8 pouces
était de 1,136, celui des canons de 32 de 6,196,
dont 2,498 de 56 cwt. Le rapport ne spécifie pas combien les obusiers de 8 pouces mentionnés dans la table étaient de 60 ou 65 cwt.

La proportion dans laquelle les obusiers doivent
entrer dans l'armement des vaisseaux de guerre, est
un sujet qui mérite beaucoup de considération ; mais
il n'est pas dans l'intention de l'auteur de s'y étendre davantage, quant à présent.

250. Le désavantage des obusiers comparés aux
canons qui lancent des boulets pleins, relativement
aux coups qui portent, lorsque tous deux sont tirés
avec une égale précision, se maintient depuis le
commencement de l'action, lorsque le tir est éloigné,
jusqu'à ce que le moment critique approche et qu'on
emploie le tir à deux boulets. Maintenant, le canon
de 32, de 56 et 50 cwt., chargé à 6 et 5 livres de
poudre, peut commencer son tir à double boulet à
400 yards, avec la certitude d'avoir des pénétrations,
quoiqu'à 300 yards, ce tir avec cette bouche à feu
soit plus efficace (art. 108); d'un autre côté, l'obusier
de 8 pouces de 66 et 60 cwt., n'ayant qu'une charge
de 5 livres pour le tir à deux boulets creux, ne peut
commencer ce tir avec quelque effet au delà de
200 yards; par conséquent, un navire armé avec du
32 anglais ou du 30 français, ne s'approchera pas assez
d'un vaisseau ayant un armement supérieur en

obusiers ou canons-obusiers, pour se tenir en deçà de la limite de leur tir à double projectile. D'après ce qui précède, aux distances comprises entre 200 et 400 yards, le tir à double projectile ne peut être employé efficacement qu'avec le canon de 32, et entre ces limites, la grandeur des brèches produites par les deux espèces d'artillerie, sera comme $(8)^2$ est à $2 (6. 3)^2$, ou comme 64 et 79. 4 à peu près; mais comme la promptitude du chargement avec un seul projectile est plus grande qu'avec deux, et accordant d'après cela cet avantage à l'obusier de 8 pouces dans ce cas, le rapport des percussions, d'après la meilleure estimation qu'on puisse faire, devient comme 7 est à 8 1/2. Quant au tir des obus, l'obusier de 8 pouces est restreint à ne tirer qu'un seul obus ou qu'un seul boulet, à des distances qui dépassent 200 yards, tandis que le canon de 32 peut tirer deux boulets ou autres projectiles à 400 yards; mais comme le tir des obus de différents diamètres donne des effets destructeurs plus que proportionnels au carré de leur diamètre (voir art. 252), on peut présumer que l'obusier de 8 pouces aura, pour le tir des obus, un grand avantage sur le canon de 32 à cette distance. Il faut pourtant considérer que les boulets pleins du canon de 32 sont tirés en plus grand nombre, dans le même temps que les obus de 8 pouces, et qu'avec leur pouvoir de pénétration, ils peuvent produire des effets destructeurs égaux, sinon plus grands que ceux qu'on peut attendre des pièces de 8 pouces (voir art. 246).

Il faut remarquer que le recul de l'obusier de 8 pouces dépasse celui du canon de 32. Avec les charges ci-dessus mentionnées, ils ont respectivement une vitesse de 16 pieds 2 p. et 15 pieds par seconde, et les poids de ces bouches à feu, avec leurs affûts, étant 78 cwt. et 68 cwt., le moment du recul de l'obusier de 8 pouces dépasse celui du canon de 32, à peu près dans le rapport de 7 à 5. 7. En comparant ensemble le tir à deux boulets pleins et celui à deux boulets creux, on pensera qu'il y a toujours avec le dernier quelque risque d'insuccès, puisqu'on a souvent trouvé que l'un ou l'autre des deux projectiles, ou tous deux étaient brisés dans l'âme, lorsqu'on employait de fortes charges; cependant cet accident, d'après des expériences récentes, se rencontre rarement lorsqu'on supprime le valet et qu'on met les deux projectiles en contact. Quant à la pièce de 8 pouces plus légère, on ne peut la tirer ni à boulets pleins ni à doubles projectiles creux.

251. Ce n'est en général que dans les portées directes contre les fortes cloisons que le tir à deux boulets doit être employé. Si quelque erreur est commise dans ce tir, il en peut résulter de graves conséquences à cause du manque de pénétration. Dans tout feu oblique, et sous un grand angle, on ne doit tirer qu'un seul projectile, et à forte charge, particulièrement en prenant d'écharpe un vaisseau à l'avant pour en enlever de forts éclats de bois, et pénétrer dans l'intérieur; pour remplir cet objet, un seul pro-

jectile est le tir le plus efficace. Nous revenons ici sur la grande importance qu'a la pénétration, pour rappeler l'excellent et instructif rapport que nous avons déjà cité, à l'art. 107; on y renvoie le lecteur, ainsi qu'à cet article, et à l'état qui est donné au long dans la note ci-dessous (1). Ce document contient un compte dé-

---

(1) L'auteur donne ici le compte détaillé des projectiles qui ont atteint le *Shannon* et le *Shesapeake*, dans le combat du 1ᵉʳ juin 1813, d'après le rapport du capitaine Wallis, commandant du *Shannon*, et des effets qu'ils ont produits, on ne croit devoir le supprimer.

Il est rapporté, dans l'histoire navale de James, que les canons du premier pont du *Shannon* étaient chargés alternativement pour les bordées avec deux boulets sphériques et une boîte contenant 150 balles à fusil et avec un boulet sphérique et un boulet à deux têtes. Voyant qu'aucun vestige, ni aucun effet de boulets à deux têtes, ne se rencontrent sur le *Shesapeake*, l'auteur s'est adressé à l'officier, aussi brave que distingué, auquel on doit ce rapport, qu'il a certifié, afin d'éclaircir ce doute. Le capitaine Wallis constate dans sa réponse qu'aucun boulet à deux têtes n'a été tiré par le *Shannon*; que les canons du premier pont étaient chargés alternativement avec deux boulets sphériques et avec un boulet sphérique et une grappe, et qu'on n'avait pas employé, comme on le dit, des boîtes de balles à fusil, dont on n'avait qu'un faible approvisionnement pour les caronades de 12 des chaloupes. Le capitaine Wallis ne peut dire si on a tiré quelques balles à fusil avec les canons du quatrième pont, mais il ne le croit pas. Le *Shesapeake* a employé dans son tir des boulets sphériques, des grappes, de la mitraille, des boulets à deux têtes, des étoiles, des boulets enchaînés et d'autres projectiles, tels que des chevilles et des barres de fer d'environ 3 pieds de long liées ensemble, et des balles dans leur cartouche à mousquet.

taillé du nombre de projectiles de toute espèce, avec
leur pénétration, le point qu'ils ont frappé, où ils se sont
logés, l'effet qu'ils ont produit sur le vaisseau de *S. M.*
le Shannon et sur la frégate américaine *le Shesapeake*
ainsi que les dégâts qu'ils ont faits aux mâts et mâ-
tereaux dans le combat du 1ᵉʳ juin 1813. Cet état
présente des résultats de tir et des faits qui ne peuvent manquer d'être très-instructifs et montre que,
dans ce célèbre combat même, on trouve beaucoup
de manque de pénétration des projectiles. Les charges de poudre étaient-elles trop faibles, le poids du
métal projeté trop grand, ou la poudre du *Shannon*
était-elle détériorée? on n'en sait rien. Cette dernière
circonstance est bien probable ; car ce fut certainement le cas qui se présenta dans le combat malheu-
reux mais glorieux de *la Sirène.* Ce document appelle les soins les plus sérieux pour assurer dans tous
les cas une pénétration suffisante, et présente beaucoup
de faits utiles dans la pratique, que nous rappellerons
plus tard, particulièrement dans l'article sur les effets
des grappes, sect. IV, partie IV, et dans le compte rendu
du combat du *Shannon* et du *Shesapeake,* partie V.

252. On admet que les effets destructeurs des
obus sur les vaisseaux sont proportionnels au cube de
leur diamètre; d'après ce principe, que les effets produits par l'explosion des obus chargés, dépendent de la
charge de poudre qu'ils contiennent, qui, étant comme
les volumes des obus, est évidemment dans cette
proportion. A la rigueur, cette loi n'est vraie que

pour les obus, qui, tirés dans de la terre y font explosion, et agissent comme mine. Dans ce cas, les obus chargés sont employés avec grand avantage, par exemple dans l'attaque des forteresses, lorsqu'ils servent à détruire les remparts en terre (1), à faire brèche dans les escarpes en maçonnerie, ou à les rendre praticables pour l'assaut.

Cependant, par analogie, un obus logé dans la muraille d'un vaisseau, et y éclatant, est supposé agir comme une mine, avec une force dépendant de sa charge, c'est-à-dire proportionnellement au cube de son diamètre. Le plus grand effet qu'un obus puisse produire, sur ou dans un vaisseau, pendant le combat, a lieu lorsqu'il se loge dans son corps ou dans sa muraille, et éclate ensuite (2).

Un obus arrêté au milieu du navire, éclatant entre deux ponts, agit avec une force égale dans toutes les directions; et dans cette circonstance, son effet destructeur sur l'équipage, sera incontestablement

---

(1) Les bombes lancées horizontalement produiront, en crevant, des entonnoirs proportionnés aux quantités de poudre dont elles seront remplies. Bousmard, *Sur l'effet des bombes horizontales sur un ouvrage en terre*, vol. 1, page 303, planche 30.

On employa avec autant d'habileté que de savoir ce tir des obus, au siége de Mooltan.

(2) « Le tir de ces projectiles n'aura toute l'efficacité dont il est susceptible, qu'autant qu'ils conserveront assez de vitesse, pour se loger dans les murailles des navires. » Expériences exécutées à Gavre, 1844.

plus grand que s'il était animé d'une grande vitesse
au moment de son explosion. Un obus en contact
avec le pont qui est au-dessus de lui, au moment où
il éclate, soulèvera ce pont et produira aussi des effets destructeurs latéralement. Un obus, sur un pont
au moment de son éclatement, y fera sans aucun
doute une brèche considérable, soulèvera le pont qui
est au-dessus, et agira violemment de tous côtés.
L'obus qui éclata par accident à bord de *la Médée*,
par l'inflammation de la fusée en dévissant sa coiffe
(voir art. 271), brisa trois poutres du premier pont
sur lequel il était, souleva de quelques pouces le pont
qui était au-dessus, tua ou blessa beaucoup d'hommes
de l'équipage, et produisit pendant quelque temps
de la confusion parmi les autres. Telles furent les
effroyables preuves de l'effet terrible, tant matériel
que moral, produit par l'explosion d'obus placés
dans l'intérieur du navire, quand même il n'est pas
incrusté dans sa muraille ou dans sa charpente; tel
est l'effet qu'on doit attendre d'un obus ennemi qui
viendrait se loger dans le navire avant d'éclater.

253. C'est cette propriété des obus, d'agir comme
mine, qui les rend le plus dangereux pour les bâtiments. Dans les expériences faites à Brest, en 1821
et 1824 (Paixhans, sur une arme nouvelle, p. 38-
62), à Portsmouth en 1838, et à Woolwich en
1850 (1), les effets terribles du tir des obus contre

---

(1) On fit des expériences dans les marais de Woolwich, le 19

un vaisseau et dans son intérieur, lorsqu'ils avaient suffisamment pénétré dans le bois pour s'y loger avant d'éclater, ont été rendus complétement évidents et d'une manière frappante.

Mais l'extinction fréquente des fusées dans ces expériences (1), montre que les fusées lentes, nécessaires pour que le projectile agisse comme mine, sont bien inefficaces dans le tir horizontal. On a trouvé que 4 fusées sur 5 ont été éteintes en frappant l'eau, et environ 1 sur 3 en frappant le navire. Si l'obus frappe la fusée en avant, ce qui est généralement le cas, on a trouvé que le bois par sa résistance, l'enfonce, et par le fait l'étouffe.

Dans les expériences faites à Portsmouth, avec des obus enterrés (13 novembre 1847, *Excellent*), et dans d'autres, faites avec des obus incrustés au mi-

---

novembre 1850, pour comparer les effets des fusées de métal ou de bois ; et à cette occasion, on tira des obus avec un canon de 32 et un obusier de 8 pouces, contre une forte charpente. La charge des obus était de 1 livre pour ceux de 32 , et de 2 livres 1⁄4 pour ceux de 8 pouces ; la charge des pièces était de 8 livres. Plusieurs obus éclatèrent en frappant la charpente. Un obus de 8 pouces frappa le sol, à peu de distance, et ensuite, alla s'enterrer aux pieds de la charpente. Il n'éclata pas avant que l'obus suivant fût tiré ; mais alors son explosion fut terrible : il mit la massive charpente en cent morceaux qu'il dispersa, brisa et tordit les chevilles qui tenaient le bois.

(1) En analysant les expériences faites, en 1838, avec des obus tirés, contre la carcasse du vaisseau *le Prince-George*, à la distance

lieu d'une charpente (26 novembre 1849, *Excellent*), les explosions qu'on obtint donnèrent une forte preuve de la prodigieuse puissance des obus, agissant comme mine. Dans ces circonstances, les effets produits par les obus de 6ᵖ, 3 et de 8 pouces, furent comme leur charge, ou comme le cube de leur diamètre.

254. Dans des expériences faites le 13 novembre 1847 et le 26 novembre 1849, des obus furent enterrés à une profondeur considérable; d'autres, engagés dans des masses de bois de charpente. Ainsi,

---

de 1,200 yards, on trouve que, le 22 novembre, sur 7 obus tirés, 3 n'éclatèrent pas.

23 novembre, sur 4 obus, 2 n'éclatèrent pas.

29   *id.*   sur 10 obus, 7 n'éclatèrent pas; aucun de ceux qui ricochèrent, ne firent explosion.

30 novembre, de 12 obus, 6 traversèrent le but; des 6 autres, 3 n'éclatèrent pas.

1ᵉʳ décembre, de 31 obus, 16 n'éclatèrent pas, et ceux qui ricochèrent furent éteints.

3 décembre, de 22 obus, 8 ne firent pas explosion, 1 éclata trop tôt, 1 traversa le but, ricocha et s'éteignit; 1 traversa le but, fit 3 bonds et éclata.

Ainsi sur 80 obus qui frappèrent le but, 32 n'éclatèrent pas.

Dans les expériences sur le ricochet, faites en 1838, à Southsea :

Le 27 octobre, sur 10 obus, 2 éclatèrent;

Le 30   *id.*   sur 14 obus, 3   *id.*

Le 31   *id.*   sur 8 obus, aucun n'éclata.

En sorte que, sur 32 obus, il n'y en eut que 5 qui éclatèrent en ricochant.

ceux qui étaient enfouis dans la terre, formèrent des
mines régulières, dont les charges, en s'enflammant,
comprimaient la terre dans toutes les directions, suivant la loi bien connue et formaient ce qu'on appelle, en termes techniques, le globe de compression ; les entonnoirs avaient leur axe dans la ligne
de moindre résistance, tandis que les obus, logés dans
le bois, à cause de sa nature fibreuse, formèrent des
déchirures d'une épaisseur considérable, et détachè-
rent de larges éclats de bois, mais de manière à
montrer peu d'analogie entre les effets des projectiles enfouis dans ces différents milieux. Cependant,
l'obus qui éclate lorsqu'il est logé dans la muraille
ou le corps d'un navire, est réellement une mine, et
comme tel, capable de produire les effets les plus
destructeurs. Mais il est à peine possible d'obtenir
cet effet avec des projectiles projetés à une grande
hauteur, comme dans ce qu'on appelle le tir vertical ; et dans la pratique il y a bien de la différence
entre ce tir et celui des obus lancés horizontalement (art. 257). Les fusées à concussion ou les obus
à percussion (1) sont propres au premier et inappli-

_____

(1) Il peut être ici nécessaire d'expliquer au lecteur quelle est
la différence entre les termes *concussion* et *percussion*, appliqués
aux fusées et aux obus. Une fusée à *concussion* est pourvue d'un
mécanisme intérieur, ajusté avec tant de précision, qu'il résiste
au premier choc qu'il reçoit, tel que l'explosion de la charge et
supporte ceux du ricochet lorsque le tir est court, tandis qu'il part,

cables au dernier. Par conséquent, on doit continuer à employer les fusées lentes pour le tir horizontal, quoiqu'elles ne remplissent pas toujours leur objet.

Quand bien même on obtiendrait des obus à percussion et à concussion bonnes et présentant de la sécurité (1), il faudrait néanmoins encore des fusées lentes, dans le service de la marine, pour tirer à obus contre les troupes sur la côte (2), sur les bateaux non pontés remplis de monde, sur les navires

---

par le choc du projectile, sur le but qu'il frappe ; cette concussion, frappant la composition fulminante de la fusée dans l'intérieur de l'obus, le fait éclater. Une fusée ou un obus à percussion, est chargé avec une composition très-fulminante, qui le fait éclater au moment du choc sans avoir été enflammée auparavant.

(1) Il est satisfaisant d'apprendre, que le moment approche, où on les aura ; une fusée courte vient d'être inventée, elle éclate par le choc d'un corps dur comme un vaisseau, et résiste à la secousse de la décharge.

(2) La réponse à la question 45, page 11, du catéchisme sur l'artillerie de mer, en usage à bord de l'*Excellent*, constate que les fusées, n'étant pas toujours chargées avec la même force de percussion (c'est-à-dire par la main) ne doivent pas brûler partout dans le même temps ; et il est recommandé de s'assurer, par des expériences, du degré de combustibilité, de la matière des fusées dont on veut se servir, en en essayant une, ou plus, avec un pendule, avant de les employer. Cette précaution est bien nécessaire, dans les services de longue durée ou les stations étrangères, à cause de la chaleur et de l'humidité. Cette observation rappelle à l'auteur le temps où il commandait une forte brigade d'obusiers de 8 pouces ; il a eu une complète expérience de ceci, et des difficul-

garnis d'hommes, sur le pont supérieur. Pour le bombardement des villes et forteresses, la destruction des entrepôts, baraques ou magasins, pour tout

---

tés, des incertitudes et des embarras qui compliquent toute cette question des fusées.

Il vint alors à l'idée de l'auteur, que l'opération du bourrage des fusées pourrait être accomplie, par un agent mécanique, seul capable de donner une compression égale à la composition, ce qui est nécessaire pour assurer la combustion uniforme.

Pour cela, on établit une machine, par laquelle chaque addition de composition recevait un degré de compression uniforme par des marteaux ou maillets de poids égaux, tombant librement de même hauteur, avec un système ajusté de telle sorte, que les chutes des marteaux fussent maintenues égales pendant toute l'opération.

On trouva que les fusées ainsi chargées brûlaient plus également, que celles fabriquées à la main : et avec cette machine, un grand nombre de fusées purent être préparées en même temps, avec la même force motrice. Elle était d'une construction grossière et imparfaite, n'ayant été établie que pour l'expérience. L'auteur pense être dans une bonne voie, en en proposant une de ce genre. Depuis, témoin d'erreurs et d'incertitudes dans le tir des obus, il a regretté qu'on n'eût pas adopté un procédé analogue. Ayant lu ces observations, consignées dans les expériences de l'*Excellent*, et considérant que le tir des obus, auquel cette note est relative, demande toute la perfection que présente ce petit outillage, l'auteur pense qu'il ne serait pas indigne de l'officier distingué qui préside le service du Laboratoire, d'appliquer son habileté à faire construire un instrument plus constant, et moins sujet à l'erreur, que les bras et les mains de l'homme, qui exercent des degrés de force différents, quelque habitude qu'ils aient de ce travail.

cela il faut des obus capables d'éclater au moment opportun. Sans les fusées lentes, qu'aurait fait lord John Hary à Bilbao (1), ou sir Robert Stapford à Acre ?

---

(1) Le tir du vaisseau de S. M. *le Phénix*, en mai 1837, à Saint-Sébastien, fut très-efficace. Tous les rapports concourent, à attribuer, à l'arrivée inattendue, mais opportune des steamers, et aux effets extraordinaires du tir des obus chargés, le succès de l'attaque faite par les troupes de la reine, sur la position retranchée des carlistes. Le tir des obus, sur des troupes postées sur la côte, avait été éprouvé auparavant, presqu'à la même place, lorsque quelques frégates anglaises agissaient en 1811, sur la côte nord-ouest d'Espagne, et lors des opérations navales de 1812. Ces affaires eurent lieu, avant que la campagne fût ouverte sur la côte, pour détourner l'attention des forces françaises dans le nord de l'Espagne, et les empêcher de détacher, comme ils en avaient l'intention, une grande partie des troupes pour renforcer le maréchal Marmont; et aussi pour intercepter et couper la communication que les Français avaient encore par mer avec Bayonne; en outre, aussi pour secourir les Guérillas. et leur fournir des armes, des munitions et des approvisionnements. L'auteur, qui était alors au service dans le nord de l'Espagne, dirigea des obus de 5 pouces 1\2 sur la frégate *la Surveillante* et d'autres frégates armées de 24, pour les employer contre toute colonne mobile française qui tenterait de s'opposer au débarquement des armes et secours destinés aux Guérillas, si elle s'exposait au feu des vaisseaux, à des distances en dehors de la portée des grappes et de la mitraille, et auxquelles les boulets pleins ne seraient pas employés avec avantage. Ces obus furent employés, par feu le brave officier sir George Collier, son 1er lieutenant O'Reilly et d'autres officiers de mérite, avec une grande habileté, et avec des effets capables de prouver que, dans

255. Des expériences faites à Gavre, en France, en 1836, il résulte qu'un projectile ne peut se loger dans une masse de bois, s'il n'y pénètre d'une profondeur égale à son diamètre ; la force où l'élasticité des fibres repoussent l'obus (1), si sa pénétration n'est pas assez profonde pour leur permettre de se refermer en arrière du projectile, et de l'enfermer ainsi dans le bois. C'est en considération de ces faits que le tir des obus des vaisseaux, dont les distances sont à chaque instant variables, doit avoir lieu avec des charges qui assurent toujours une pénétration suffisante et avec des fusées correspondantes au temps du trajet ; mais les fusées à percussion ou concussion obvient à ces complications.

Le tir horizontal des obus exige une grande vitesse (2), pour qu'ils aient une pénétration suffisante

---

ces occasions, le tir des obus avec des fusées lentes, peut toujours être employé avec avantage.

En attaquant une redoute, sous la protection de laquelle la flotte turque s'était échouée à la côte, dans les opérations de 1807, un corps considérable de troupes asiatiques et une partie des équipages qui étaient restés sur la plage, furent dispersés par quelques obus tirés par *le Pompée*. — *Histoire navale de James*, vol. IV, page 181.

(1) Ceci s'est présenté fréquemment, dans les expériences de 1838, qui prouvent que les obus sont renvoyés par le choc, lorsque la pénétration n'est pas suffisante.

(2) Une remarquable preuve de l'importance de cette vitesse, se rencontre dans les expériences faites le 22 novembre 1838,

pour agir comme boulet, si, par suite de quelque
défaut dans la fusée, ils ne produisaient pas l'effet
qu'on attend des obus; car s'ils ont peu de vitesse au
moment du choc et peu de pénétration, l'action ex-
plosive aura plutôt lieu vers l'extérieur, où la ligne
de résistance sera moindre que vers l'intérieur du navire. C'est la raison pour laquelle les obus qui frappent le but avec peu de vitesse, font si souvent explosion à l'extérieur et laissent leurs éclats hors du
navire (voir les expériences de 1838 contre la carcasse du vaisseau le *Prince George* à 1200 yards).
Avec un peu plus de pénétration, l'explosion pourrait se faire des deux côtés. Si un obus de 8 pouces
ou de 10 pouces, qui sont tous deux de fortes mines,
frappent un navire, et se logent quelque part au-
dessous de la ligne de flottaison et éclatent en dehors, ils pourront lui causer un dommage sérieux et
même fatal; mais s'ils frappent quelque part au-
dessus de la ligne de flottaison et agissent extérieure-

---

quand, au coup n. 5, un obus de 32 pénétra dans la muraille du
Prince-George, au-dessous de l'eau, se logea derrière un porque,
et fit une ouverture dans cette muraille, qui permit à l'eau d'entrer avec une force considérable. L'ouverture était dans une position telle, que les charpentiers qui étaient présents, constatèrent,
qu'il leur aurait été impossible de tamponner ou d'arrêter la voie
d'eau de l'intérieur : l'obus n'éclata pas. Si la fusée avait agi, par
concussion, on n'aurait pas eu des effets de pénétration aussi sérieux.

ment, ils causeront peu de dommage au vaisseau, et pas du tout à l'équipage.

256. Le maximum d'effet, dans le tir horizontal des obus, a lieu lorsque le projectile perce la première muraille du vaisseau ennemi, traverse le pont comme un boulet et pénètre dans l'autre muraille, juste assez pour que la ligne de moindre résistance se trouve en dedans, et alors en éclatant il lance ses fragments en dedans du navire (fig. 26)(1). Ainsi, il produit à la fois les effets du boulet et de l'obus ; mais cela exige un concours extraordinaire de circonstances et de conditions du tir.

257. Dans le tir vertical contre un vaisseau, la grande difficulté est d'atteindre le but, qui n'est qu'un point pour une longue portée ; mais si la bombe réussit à tomber sur le vaisseau, ou elle s'y logera, ou elle percera le fond et le coulera. Dans ce tir, la fusée doit brûler assez longtemps pour excéder un peu le temps du trajet.

Dans le tir horizontal des obus, les conditions sont bien différentes : la probabilité d'atteindre le but est très-grande ; et dans un combat rapproché, par une mer calme, cette chance peut être considérée comme

---

(1) Les buts représentés, fig. 26 et 27, planche II, consistent en piliers plantés dans un banc de limon à basse mer, et lorsqu'il est couvert par l'eau, on voit, à sa surface, la chute des éclats tombés entre les deux murailles.

certaine; mais alors la difficulté et les incertitudes,
en ce qui concerne les fusées, deviennent considérables. La vitesse horizontale est si grande, et le
projectile parcourt un tel espace de la trajectoire si
vite, que la plus petite erreur, dans le temps que doit
durer la combustion de la fusée en détruit l'effet.
Les obus peuvent ou éclater prématurément, ou traverser les deux bords du vaisseau ennemi sans éclater. Ce dernier cas se présentera plus fréquemment,
à cause du grand soin qu'il faut prendre pour que
l'obus puisse agir comme boulet, dans le cas où la
fusée s'étendrait, soit par ses ricochets sur l'eau,
soit par son choc sur le vaisseau. D'après une approxi-
mation, la probabilité de l'extinction de la fusée est
comme 4 à 1 dans le premier, comme 1 à 3 dans le
dernier (*voir* art. 253).

258. D'après ce qui a été établi dans les articles
précédents (253 à 257), il est évidemment essentiel
au tir horizontal des obus, pour son efficacité et sa
simplicité, que les obus soient de nature à éclater
avec la plus grande certitude en frappant le but. Il
est par conséquent d'une grande importance d'obtenir, soit une fusée à concussion infaillible, soit un
obus à percussion, présentant de la sécurité et ayant
de l'efficacité (*voir* la définition, art. 254, note), qui
soit exempte du danger qui se présente en dévissant
le chapeau de la fusée métallique (art. 271), et pour
laquelle il ne soit pas nécessaire d'ôter la coiffe avant
de l'introduire dans l'âme, en sorte qu'une bouche à

feu puisse être chargée aussi promptement avec un obus qu'avec un boulet. Il est également important que le principe vital de l'obus ne soit pas détruit dans le trajet par son immersion dans l'eau, ou par le ricochet, qui éteint si souvent les fusées ordinaires ou les obus à concussion, et qu'il ne soit pas, comme les premiers, exposé à être étouffé par les fibres du milieu dans lequel il pénètre.

Si on parvenait à obtenir de tels instruments de destruction, leur effet dépendrait surtout du nombre de projectiles qui, sur un nombre donné de coups, frapperaient le navire dans une partie assez résistante pour produire l'explosion qui, combinée avec la vitesse horizontale, projetterait les éclats dans l'intérieur, ainsi que le représente la figure 27, planche II.

Le système à explosion contenu dans un obus à percussion, ayant nécessairement assez de résistance pour supporter un ricochet et la réaction que produit le bond, et ne devant éclater que par l'effet d'un choc plus violent ou d'une pénétration, il s'ensuit qu'un obus à percussion peut traverser un corps mince ou peu dur sans éclater, ou entrer par un sabord et passer en traversant le pont par le bord opposé, sans produire aucun effet d'obus.

On peut remarquer ici, que ni les fusées à concussion, ni les obus à percussion ne sont propres à être employés contre le gréement d'un navire. (*Voir* section IV, partie IV.) Car, quoiqu'un obus puisse

abattre un mât par un choc direct, qu'il éclate ou
non, et que s'il éclate il en atteigne certainement
un autre plus bas, il y a peu de chance pour que
cette explosion ait lieu ; et par conséquent en les
tirant contre les agrès, ce serait prodiguer les obus
qui éclatent par le choc sur des corps très-résistants;
en général, on peut dire que quoique les obus qui
n'éclatent pas produisent autant de dégâts sur les
mâts, voiles et gréements que les boulets du même
diamètre, cependant, on n'obtiendra cette égalité
d'effet, que par un projectile qui coûte deux ou trois
fois plus qu'un boulet; et le tir des obus pour cet
objet deviendrait énormément dispendieux. Les
obus peuvent, sans aucun doute, être employés avec
avantage contre le gréement à de grandes distances,
particulièrement lorsqu'on est poursuivi ou qu'on
donne chasse; mais pour cela, ils doivent avoir des
fusées lentes et éclater à une distance convenable
du bâtiment (sect. ɪv, part. IV).

259. On a établi (voir les art. 142, 245) que les
gros projectiles frappent plus souvent le but que les
petits, à égale densité, et avec des charges proportionnelles (1); mais que quelques causes de déviation (comme le vent en travers de la trajectoire) ont

(1) Piobert, *Traité d'artillerie*, tome ɪɪ, page 270; Ward, page 28.
Expériences de Metz, 1846 à 1845, et suite des expériences à Gavre, 1844.

plus d'action sur les gros projectiles et surtout sur les boulets creux, que sur les boulets pleins ; et que la probabilité pour un projectile creux de grand diamètre d'atteindre le but plus souvent qu'un boulet plein, diminue en proportion de l'accroissement de la distance ; enfin, que la déviation est plus notoire à la fin d'un longue portée.

Quand les projectiles de grand et de petit diamètre sont tous des obus ou des boulets creux, et qu'ils sont tirés avec des charges proportionnelles à leur densité, la même loi s'observe : le moins de précision des petits obus pour atteindre le but est manifeste, et croît avec la distance de l'objet à battre, à cause de la plus grande surface de la plus petite sphère comparée à son poids, ou à son moment. Le plus petit obus a, par le fait, moins de puissance pour vaincre la résistance de l'atmosphère, et par cela même, conserve moins longtemps sa vitesse que le projectile de gros calibre.

Mais quand les gros et les petits projectiles ne sont pas d'égale densité, les premiers étant des obus ou boulets creux, les seconds des boulets pleins, le cas est complétement changé et même renversé.

Le lieutenant Ward, dans son excellent Traité, déjà si souvent cité, aussi bien que d'autres autorités, en fait de marine, posent en principe, qu'à de longues portées et avec des pièces de différents calibres, la chance de toucher un objet donné, est comme le carré des diamètres des boulets, en les

supposant tous de densité égale, et tirés avec des
charges proportionnelles (1).

Mais quand la densité est aussi inégale que celles
des boulets creux ou obus et des boulets pleins, qu'ils
soient de mêmes ou de différents diamètres, la probabilité de toucher à de grandes distances est toujours
en faveur des derniers; et il paraît, d'après les expériences faites en 1838, à bord de l'*Excellent*, que
cela a eu lieu aussi pour de courtes portées (2).

---

(1) Ce principe donne un grand avantage aux canons de gros
calibre, destinés à lancer des boulets pleins, et paraît n'avoir pas
été sans profit, pour le service auquel le lieutenant Ward appar-
tient.

(2) Expériences du 18 octobre 1838, 11 coups à boulet plein,
tirés avec un canon de 32, 56 cwt., charge 8 l., angle 1[2°, à
400 yards ; 10 boulets frappèrent le but, et un ricocha à son sommet, tandis que de 11 boulets creux, tirés avec un obusier de
8 p., 65 cwt., charge 8 l., angle 5/16°, il n'y en eut que 3 qui
frappèrent le but. Ce résultat est si remarquable et si important,
que la table dont il est extrait, est donnée *in extenso* à la fin de
cette note. Le même jour, de onze coups tirés avec un canon de
32, 56 cwt., charge 8 l., angle 1[2°, il y en eut cinq qui portè-
rent : un dans le margouillet, trois autres dans la charpente,
tandis que de onze boulets creux, tirés avec un obusier de 8 p.,
68 cwt., charge 10 l., angle 1[2°, deux seulement frappèrent
le but.

Expériences du 17 octobre 1838, quinze coups à boulets creux,
étant tirés par un obusier de 8 p., de 65 cwt, charge 12 l. 3[4 de
degré, à 400 yards, et le même nombre de coups, à boulets
pleins, avec un canon de 32, de 56 cwt., charge 10 l. 11 onces,

L'auteur a eu grand'peine à examiner à fond l'important problème de la probabilité de toucher des buts peu étendus de surfaces égales ou différentes, dans toute espèce de circonstances, et il renvoie le lecteur, à ce qui est dit sur ces probabilités et sur les déviations, dans les art. 142, 143 et 149, et aussi dans les art. 163, 164, 165, 238 et 239, pour les résultats relatifs à la portée et à la pénétration, déduits des expériences faites à bord de l'*Excellent*. On peut renvoyer aussi aux art. 240 et 241, pour la justesse relative des boulets pleins et creux, et des boulets pleins et des obus.

260. Quoique nous ayons déjà fait voir (art. 253), que le plus grand effet d'un obus a lieu lorsqu'il est engagé dans une masse de matériaux dont les fragments peuvent être arrachés et lancés dans toutes les directions, et que par conséquent, l'effet maxi-

---

3|8 de degré, les cinq derniers coups à deux projectiles, à la même distance, le canon de 32 eut les meilleurs résultats.

Quant à la précision et à la pénétration de boulets pleins, lancés avec un canon de 32 à 1,200 yards, on obtint les résultats suivants : dans les expériences du 17 octobre 1838, six coups à boulets pleins ayant été tirés avec un canon de 32, de 50 cwt, charge 8 l., angle 2°5|8, il y eut cinq touchés directs, et un par ricochet. Les pénétrations furent : 22, 25, 36 et 48 pouces. Les deux premiers pénétrèrent directement ou obliquement, à travers du bois sain, le dernier diagonalement, dans du bois plein, mais non sain.

Sur cinq boulets pleins, tirés avec un canon de 32, 46 cwt, charge 6 l., angle 2 ° 3|4, tous frappèrent le but directement.

mum d'un obus sur un vaisseau est lorsqu'il se loge
quelque part dans sa masse et éclate ensuite : cepen-

Pénétration 39 pouces diagonalement, à travers des planches saines
et de la charpente solide. ———

TABLE d'un feu vif pour un canon de 68, long de 9 pieds, et un canon de 32, long de 9 pieds 6 pouces, tous deux chargés à un projectile , et tirant 11 coups sur un but à 400 yards, le vaisseau
de S. M. l'*Excellent*, 18 octobre 1838.

Nombre de coups tirés.	Espèce de bouche à feu.	Nombre de servants.	Temps employé pour les 11 coups.	Poids de la pièce.	Longueur.	Charge.	Angle.	Portée.	OBSERVATIONS.
	1. 32	13	7'10"	cwt. 56	pi po 9 6	liv. 8	o 1/2	yards. 400	
1	..	..	..	..	..	..	..	..	But
2	..	..	..	..	..	..	..	..	B
3	..	..	..	..	..	..	..	..	B
4	..	..	..	..	..	..	..	..	B
5	..	..	..	..	..	..	..	..	Ricochet som. du B
6	..	..	..	..	..	..	..	..	B
7	..	..	..	..	..	..	..	..	B
8	..	..	..	..	..	..	..	..	B
9	..	..	..	..	..	..	..	..	B
10	..	..	..	..	..	..	..	..	B
11	..	..	..	..	..	..	..	..	B
	68	15	7.40	65	90	10	5/16	400	
1	..	..	..	..	..	..	..	..	B
2	..	..	..	..	..	..	..	..	B
3	..	..	..	..	..	..	..	..	30 yards courts
4	..	..	..	..	..	..	..	..	B
5	..	..	..	..	..	..	..	..	court
6	..	..	..	..	..	..	..	..	court et à droite
7	..	..	..	..	..	..	..	..	court
8	..	..	..	..	..	..	..	..	court et à droite
9	..	..	..	..	..	..	..	..	court
10	..	..	..	..	..	..	..	..	court
11	..	..	..	..	..	..	..	..	à droite près du mâtereau.

dant, ce résultat est si difficile à obtenir dans la pratique, qu'il devient d'une grande importance d'ar--
river à une méthode qui assure l'éclatement de l'obus,
lorsqu'animé d'une grande vitesse horizontale, il
frappe un navire. Et maintenant nous allons expliquer les effets du tir horizontal des obus.

L'action de l'obus, qui fait explosion en frappant
quelque partie solide d'un vaisseau, quoiqu'extrêmement formidable au navire et à l'équipage, l'est
beaucoup moins pour le bâtiment, que l'explosion
d'un obus qui y a fait son logement; les deux cas
sont essentiellement différents, car, si le système à
percussion, quel qu'il soit, remplit son but, l'obus
auquel il est adapté ne pourra se loger dans le bois.
Quand un obus éclate, en traversant la muraille
d'un vaisseau, ses effets ressemblent à ceux de l'explosion d'un boulet sphérique à mitraille, lancé par
un canon; les éclats, généralement au nombre de 50
à 60, sont lancés en divergeant dans l'intérieur ou
à travers le vaisseau; leur direction dépend de la force
propre du projectile et de celle qui est donnée aux éclats
par l'explosion. Le cône de dispersion, formé par les
éclats, fig. 27, a été souvent observé par l'auteur,
placé dans une direction perpendiculaire à l'axe du
cône, ou dans la direction du but; les trajets des
éclats, étant dans la direction de la résultante des
deux forces mentionnées ci-dessus, n'ont pas une
grande divergence latérale; et par conséquent, la
chance d'atteindre à quelque distance de la direc-

tion primitive de l'obus est faible, comparativement
à celle que donne un obus logé dans le bois. S'il est
admis que la force et les effets d'un obus qui éclate
après s'être logé, soit plus désastreux pour le navire,
que ceux d'un obus qui éclate en traversant rapide-
ment la muraille, il est également vrai que ce dernier est plus meurtrier que l'autre pour les servants
des pièces voisines, et encore plus pour ceux du côté
opposé, lorsque les deux batteries sont servies, ainsi
que pour tous les hommes qui se trouvent dans les
batteries, dans les limites du cône de dispersion.

Le canon de 32, employé le plus souvent dans les
expériences rapportées dans la note, art. 259, comparativement avec d'autres bouches à feu, était un
canon de 56 cwt, dont le vent de 0ᵖ, 233 est excessif
(voir tables VI et XVII, et note, art. 195). Cependant,
celui des pièces auxquelles on comparait sa portée et
sa justesse, n'était que de 0ᵖ. 125 (table XVII). Ce canon, ancien modèle, est le seul spécimen de l'artillerie
de mer des anciens temps, qui soit resté en usage.
C'est sans doute un canon puissant, à cause de sa
longueur et de sa charge, mais dont la justesse est
défectueuse, à cause de son vent excessif.

Il est par conséquent bien à désirer, que le nouveau
canon de 32, de 58 cwt., long de 9 pieds 6 pouces,
charge 10 livres, 8 livres et 5 livres, vent 0ᵖ, 2, proposé par le colonel Dundas, soit adopté, et ensuite
mis en usage au moins pour des expériences.

On pourra alors déterminer ce qu'on peut faire

de plus pour cette estimable classe de canons, et particulièrement, si le vent ne peut pas être réduit
à 0ᵖ, 175.

Les canons de 32, de 45 et 42 cwt (canons de
Monk, B et C), n'ont que 0ᵖ175 de vent, et tous
les canons provenant de l'alesage du 24, seulement 0ᵖ,123 ; et il n'y a pas de raison pour que le nouveau 32 de 58 cwt ait plus. La fâcheuse et regret-
table anomalie qui existe encore relativement au
vent des pièces de 32 (voir la note, page 207), dis-
paraîtra alors en grande partie.

261. De tout ce que nous avons présenté relativement au tir des canons à obus et des nouvelles
pièces, destinés à lancer des boulets pleins d'un
grand poids, il ressort que pour la longueur des
portées (voir art. 237, 238, 240), pour la pénétration (art. 163, 239), et particulièrement pour la justesse du tir (art. 259 avec la note), le boulet plein,
tiré avec les longs et puissants canons récemment
construits, a plus d'efficacité que les boulets creux,
tirés avec les canons obusiers.

Beaucoup d'expériences ont démontré (voir
art. 240 et 241) que les boulets creux dévient plus
du but que les boulets pleins. L'infériorité des obusiers serait pourtant amplement compensée par la
faculté qu'ils ont de lancer, soit des boulets creux,
soit des obus d'un plus grand diamètre ; si, comme
c'était le cas dans la dernière guerre, un vaisseau
pouvait toujours prendre position pour le combat,

en deçà de 1,500 yards (art. 241), sans souffrir auparavant des avaries considérables , cependant, un désavantage qu'auront encore les navires armés d'obusiers, c'est que la chambre ne permettra pas un chargement aussi prompt (art 215).

On n'a pas encore éprouvé, dans les combats actuels, les obusiers et leur tir dans les batteries de bord. Cependant il ne peut y avoir de doute que, dans les guerres futures, un navire armé principalement avec des obusiers et n'ayant pas une proportion suffisante de canons pour lancer des boulets pleins, qui le rendent propre au combat à de grandes distances et contre les retranchements d'abordage, endurera une rude épreuve des feux longs, dans lesquels les boulets pleins , par leur justesse à ces portées, donneraient un avantage décidé à son adversaire, s'il en était plus abondamment pourvu et si son équipage avait la même habileté (1). (Art. 246, p. 268.)

C'est pourquoi il paraît à l'auteur, que c'est une grande erreur de croire que la force propulsive de

---

(1) « L'artillerie est une science très compliquée; l'officier de marine qui possède cette science est le maître de celui qui l'ignore; c'est une assertion qui deviendra pour vous une vérité évidente, en proportion des connaissances réelles que vous acquérerez dans la science de l'artillerie. » Général du Bourg. *L'organisation de la marine*, page 158. Paris, 1849.

la vapeur, et l'effet présumé des obusiers, feront que les combats sur mer ne commenceront qu'à l'abordage et seront terminés en quelques minutes. La vapeur donne aussi bien le moyen d'éloigner que de rapprocher le combat ; et lorsque cette puissance gigantesque aura été appliquée aux vaisseaux de guerre aussi bien qu'aux autres bâtiments, comme une locomotive de guerre, les évolutions se feront avec la dernière précision, et pour cela les principes de la guerre avec la navigation à vapeur, aussi bien qu'avec la navigation à voiles, deviendront l'objet des études théoriques et pratiques des officiers de marine, pour les rendre propres aux opérations variées qui naîtront de l'union de cette nouvelle force à la navigation à voiles. L'effet destructeur du tir des obus à de petites distances, et l'extension qu'on a donnée à la puissance de l'artillerie pour un tir éloigné, loin de tendre à rendre les combats rapprochés inévitables ou préférables, et faire qu'ils aient une très-courte durée, seront au contraire, probablement, la cause que l'action en mer commencera en général à de grandes distances, et demandera à être conduite avec la plus grande circonspection, une tactique habile et une grande science pratique.

262. La fin de l'engagement à l'abordage sera précédé, sans aucun doute, d'efforts encore plus extrêmes qu'antérieurement pour désemparer l'ennemi à de grandes distances, loin de s'efforcer de

s'en rapprocher, comme dans le combat entre *le Macédonien* et *les États-Unis* (voir part. V). Désormais un navire ne pourra plus se précipiter bord à bord sur son adversaire avec impunité. Les divisions de la flotte en tête de la ligne, ne pourront pas non plus, sans un dommage sérieux, comme à Trafalgar, s'avancer, presque intactes, sur les batteries de bord, de vaisseaux fortement armés pour les recevoir, avec une artillerie éprouvée et propre à ce genre de combat. Pour ceci nous trouvons des avertissements très-clairs, dans tous les commentaires qui ont été écrits sur les combats à la mer de la dernière guerre (voir de la Gravière, vol. 2, p. 185, 188). En voyant les progrès que font les nations étrangères, en introduisant à bord de leurs vaisseaux de nouveaux et plus puissants canons, avec le doute qui commence à percer sur la supériorité des canons obusiers et du système incendiaire (de la Gravière, vol. I, p. 98, 99, et d'autres écrivains; voir aussi les art. 246, 250), nous ne pouvons nous empêcher d'être convaincus que les feux, à de grandes distances, seront le tir régulier dont dépendra le plus le succès dans les guerres futures. Ceci demande un armement correspondant, de longs et puissants canons à bord de nos vaisseaux et surtout de nos steamers. A présent le plus lourd des canons destinés à lancer des boulets pleins qui arment nos vaisseaux de guerre de ligne, est le canon de 32; tandis que les obusiers sont préférés, pour l'avant et l'arrière des steamers.

Il est important de remarquer ici que le poids du boulet de trente français est d'environ 32 livres et 1ı2 anglaises, et que le boulet de 36 français pèse environ 39 livres anglaises (1). Le nouveau canon de 50 français (54 livres anglaises), qui, par la décision du 27 juillet 1849 (2), entre largement dans l'armement, est à peu près égal à notre canon de 56 ; et le nouveau 60 français (poids du boulet, 66 liv. anglaises), éprouvé à Gavre en 1848, quoique pas encore adopté par la marine, est à peu près égal à notre 68, qui,

---

(1) Aide-Mémoire d'artillerie navale, page 664.

(2) Par ce décret, des canons de 50 (canons très-puissants ont été prescrits pour l'armement de 40 vaisseaux de ligne et de 58 frégates. Six de ces canons doivent être placés, aussi près l'un de l'autre que possible, sur le premier pont des vaisseaux, de 1er, 2e et 3e rang (112, 90 et 86 canons). Les vaisseaux de 3e rang de 82 canons, étant d'ancien modèle, ne reçoivent pas cette addition à leur armement actuel, mais les vaisseaux de 4e rang du nouveau modèle doivent avoir 4 canons de 50 sur leur 1er pont.

Les vaisseaux de 4e rang de l'ancien modèle, ayant 24 canons de 36 sur leur premier pont, n'ont rien de changé à leur armement. Tous les bâtiments rasés et toutes les frégates de 1re, 2e et 3e classes doivent avoir deux de ces canons de 50 sur leur 1er pont. Ces nouveaux canons ne seront pas, à ce qu'il paraît, installés sur les navires sur le pied de paix. Voir table XIX, pour les portées des canons obusiers de 80, n° 1 et n° 2, aussi bien que pour le 36 et le 50 français. Voir aussi « Armement des bâtiments de guerre anglais et étrangers, dans l'ouvrage qui vient de paraître, sur la guerre de steamers.»

l'auteur le pense, sera bientôt employé dans notre marine.

263. Quant aux États-Unis, ceux qui sont à la tête de la marine sont lents à imiter, et soigneux de ne pas se compromettre par l'adoption de trop d'obusiers ; ils ont en conséquence fait peu de dépenses, pour armer de nouvelles bouches à feu de cette espèce, les batteries de bord de leurs vaisseaux et de leurs frégates ; et les officiers des États-Unis paraissent, en général, ne pas voir avec beaucoup de faveur l'adoption d'obusiers pour l'armement de l'arrière et de l'avant des steamers.

Le bureau de l'Artillerie sait trop bien ce qu'ils doivent aux canons longs et puissants, lorsqu'ils sont opposés à des caronades et à des canons courts sur les lacs du Canada (art. 153), aussi bien que sur l'Océan (voir partie V), pour être conduit sans de mûres réflexions à se pourvoir d'obusiers, pour le service général, et plus particulièrement pour la guerre des steamers ; qu'il pense devoir réclamer des canons possédant un plus haut degré possible, longues portées, justesse de tir à de grandes distances et pénétrations. Le canon obusier des États-Unis, appelé canon Paixhans, de 63 cwt, n'est que l'ancien canon de 42, de 70 cwt, foré au calibre de 64, pour tirer des boulets creux de 43 liv. qui, lorsqu'ils sont remplis de sable, pèsent 46 liv. Ces canons-obusiers sont incapables de lancer des boulets pleins ; quatre pièces de cette espèce sont placées sur chaque pont de vaisseaux de ligne de guerre, et deux sur le premier pont des frégates (1). Ils ont été trouvés fort défectueux, à la fois, pour les portées et la justesse, deux points essentiels pour les batteries des steamers. (Voir p. 32.) En conséquence, on prépare une nouvelle artillerie, qu'il y a tout lieu de croire devoir être composée de canons à boulets pleins, réunissant la justesse à une grande portée, pour les mettre à même de produire un bon effet contre les vaisseaux de guerre.

Dans l'ouvrage que nous venons de citer, nous trouvons cette importante et très-sage question. — Le métal nécessaire pour faire un obusier ne serait-il pas plus utilement employé, s'il était coulé pour en faire un canon doublement fort, long et efficace, quoique d'un plus petit calibre. Un tel canon aurait plus de justesse et d'efficacité aux grandes distances et à l'abordage, lorsque le tir à deux projectiles est d'un effet puissant.

On a essayé dernièrement aux États-Unis un nouveau canon-obusier appelé un *Colombiad*. Son calibre et de 12 pouces, le poids de son obus 172 liv. Avec une charge de 20 liv. et sous un angle de 10°, il a une portée de 2,770 yards, et avec le maximum de charge et d'angle, il donne une portée de 5,761

---

(1) Armement actuel des vaisseaux et autres bâtiments de la marine des États-Unis. Bureau de l'Artillerie, 29 mai 1845.

yards ou environ 3 1/2 milles. (Manuel d'Artillerie
des États-Unis, 1850, page 364.)

Mais le poids de cette pièce 25,000 liv. a paru
devoir la faire rejeter du service de mer, malgré que
les expériences aient été, dit-on, très-satisfaisantes.

De nouveaux canons de 50, longs et de divers
poids et dimensions, sont actuellement en essai aux
États-Unis, pour le service de la Marine, et les
meilleurs d'entre eux seront sans aucun doute
adoptés.

264. Revenons aux marines européennes. Il est
important de constater que le 36 russe est supérieur
à notre 32, et que leur boulet de 42 liv. est du
poids de notre boulet de 38. La marine hollandaise
prépare un nouveau canon de 50 (le poids de son boulet est environ de 55 liv. anglaises): c'est un excellent
canon pesant 4,624 kilog. (91 cwt). La prépondérance
de la culasse est 1/22, et sa longueur, depuis la plate-
bande de culasse jusqu'à la tranche, 3,638 millim.
(à peu près 12 pieds.) Les canonnières danoises sont
armées avec de longs et puissants canons de 60 (le
poids du boulet vaut environ 67 1/2 livres anglaises).
Le poids du boulet de 36 danois est de 39 liv. 11
1/2 onc. et de celui de 30, 33 3/4 liv. anglaises (1).

Ces faits et d'autres, dont nous parlerons plus
tard, indiquent clairement que les marines étran-

---

(1) On peut employer la table suivante pour convertir en poids

gères subissent dans leur opinion une grande réaction contre la valeur des canons-obusiers et du tir
des obus. Ils démontrent également que l'opinion
qui prévaut, est que les feux à longue portée, avec de
puissants canons, lançant des boulets pleins, seront
les moyens les plus efficaces d'éviter et de combattre
les effets destructeurs que les boulets creux et les
obus produiraient inévitablement, si les vaisseaux
qui les emploient parvenaient à gagner des distances
suffisamment rapprochées.

Il ne sera pas toujours au pouvoir du commandant d'un navire, quelque désireux qu'il soit d'éviter
une action rapprochée, d'accomplir son dessein ; car
par une brume épaisse ou par une nuit obscure,
deux vaisseaux peuvent, sans s'y attendre, marcher
l'un vers l'autre, et se trouver tout près avant qu'ils
se soient aperçus. Ces éventualités peuvent se rencontrer, et un combat bord à bord surgir immédiatement ; mais il est à présumer que ces hasards seront
aussi rares qu'il étaient fréquents, dans les guerres

---

anglais, les poids des bouches à feu et des projectiles étrangers.

Ajouter au poids....	Danois....	5/48	de ce poids.
	Hollandais.	1/11	id.
	Français...	1/12	id.
	Espagnol..	1/72	id.
Retrancher du poids.	Suédois. ..	1/16	id.
	Russe.....	1/11	id.

précédentes, entre des vaisseaux ayant l'armement ordinaire.

Ou les navires peuvent se rencontrer par accident et la surprise sera mutuelle, ou un des deux connaissant la position de l'autre, peut profiter de l'obscurité pour s'en approcher sans être vu ; mais cela suppose une différence de vigilance à bord des deux bâtiments, qui est presque en dehors de toute probabilité. Si la surprise est mutuelle, le désavantage sera certainement, pour celui qui n'aura pas d'obusiers dans son armement ; si tous deux sont ainsi armés et d'égale force, il est évident que l'engagement sera égal.

265. L'obusier de 10 pouces est sans contredit une pièce formidable, son obus en éclatant est une puissante mine ; mais il a des portées inférieures à celles des canons pesants, actuellement en usage dans la marine anglaise, excepté les dernières classes de canon de 32. Le poids de l'obusier de 10 pouces, dans le principe, était de 84 cwt (voir table XVII) ; mais il fut porté à 86 cwt, en entourant la culasse et le cylindre autour de la charge, d'une quantité de métal pesant 4 cwt et retranchant 2 cwt en avant, ce qui lui donna plus de prépondérance, et le rapprocha du nouveau principe établi dans l'art. 205. Le peu de vent donné à l'obusier de 10 pouces (0ᵖ, 16, le même que pour les obusiers ordinaires, le 68 ayant 0ᵖ, 2), est aussi une amélioration. Un canon de 68 (art. 207) peut être employé pour tirer des obus

de 8 pouces, aussi bien que des boulets de 68. Toutefois, pour le tir des obus, il n'est pas supérieur aux
obusiers de 10 et 8 pouces, parce que les obus ne
supporteraient pas de plus fortes charges que celles
fixées pour les obusiers ; mais un obusier de 10 pouces
lançant des boulets creux, a des portées inférieures
au 68 avec des boulets pleins.

La différence de poids entre ces deux pièces d'artillerie n'est que de 9 cwt, mais la supériorité de la
dernière en portée, en justesse et en pénétration,
est d'une grande importance dans la guerre de steamers.

En comparant un canon-obusier de 10 pouces,
de 84 cwt, charge 12 livres, et un boulet creux
de 84 livres avec un canon de 68 de 95 cwt,
charge 16 livres, et un boulet plein, relativement aux
portées, nous voyons que : sous l'angle de 1°, la différence est de 142 yards ; sous l'angle de 2°, la différence est environ de 190 yards ; dans les deux cas
en faveur de la dernière pièce, à 3°, la portée du 68
est à peu près celle de l'obusier de 8 pouces à 4°; la
portée du 1er est plus grande à 4°, que celle du 2°
à 5°; et sous des angles plus élevés, la différence en
faveur du 68 s'accroît considérablement. A 15° la
portée de l'obusier de 10 pouces est de 3,050 yards et,
celle du 68, 3,673 yards (Tables V, VI).

Si on compare les trajectoires décrites par un
boulet creux lancé par l'obusier de 8 pouces, et un
boulet plein, par le canon de 68, l'angle du tir du

1er, étant 5°, et celui du 2e 4°, ainsi que les portées
des boulets creux de 10 pouces et du boulet de 68,
qui sont, d'après l'expérience 1,670 yards et 1,787
yards, l'angle de chute pour le boulet plein est bien
moindre que pour le boulet creux ; ou en d'autres
termes, le premier, à la fin de son trajet, approche
plus que l'autre d'une direction horizontale ; et la
chance de toucher un objet peu considérable vers l'extrémité de la trajectoire (1) est d'autant plus grande,

_____

(1) La méthode de représenter les trajectoires des projectiles,
peut être très-avantageuse, pour faire voir la courbure de leur trajet, et par conséquent les circonstances qui déterminent l'efficacité relative des boulets et des obus, de différents poids et diamètres, lancés par des bouches à feu d'égaux ou différents poids et
dimensions, sous des angles divers et avec diverses charges de
poudre. L'auteur a tracé au moyen de la 1re équation pour y,
art. 81 (la 2e et 3e équation pour y, page 71, sont plus simples,
mais moins exactes), les trajectoires entre autres d'un boulet plein
de 68 et d'un boulet creux de 10 p., les portées de 1,737 et 1,670
yards, sous les angles pour le 1er de 4°, pour le 2e de 5°, ayant
été données par l'expérience ; mais l'inconvénient d'une trop grande
échelle a empêché l'auteur de les reproduire dans cet ouvrage.
Afin d'empêcher toute méprise de la part du lecteur, relativement
à l'exactitude de ces tracés, qu'on peut croire différents de la réalité, parce qu'ils ont été calculés par une formule théorique, l'auteur pense pouvoir faire observer, que cette différence ne peut
exister. Les portées ayant été données par l'expérience, la vitesse
initiale ou l'angle de tir qui en est la conséquence, peut être tirée
de la formule sans l'incertitude qui pourrait subsister, si on calcu-
lait directement cet élément par la formule v. art. 62, ou autre-

que celle-ci se rapproche plus de l'horizontale, c'est-à-
dire quand l'angle de chute est moindre. Il faut ajouter à cela, que le boulet creux, étant plus volumineux
que le boulet plein du même poids, est plus sujet
que celui-ci, à subir des déviations latérales, par l'action du vent ou d'autres causes. (art. 149, 236, 240.)

---

ment. Les ordonnées de la courbe, correspondant à chaque valeur
de x, peuvent être calculées avec autant d'exactitude que de simplicité, les valeurs de c, pour chaque espèce de projectile, étant
déterminées comme dans l'art. 60.

Dans l'exemple que nous avons donné, la portée du boulet
de 68 est par expérience plus grande que celle de l'obus de
10 p., tandis que l'angle de tir est moindre; par conséquent, les
deux trajectoires doivent se couper vers leur extrémité, et l'angle
de chute de l'obus, être nécessairement plus grand que celui du
boulet plein. De cela dépendront les limites dans lesquelles un objet
peut être atteint ; on peut s'en assurer avec une précision satisfaisante.

Le calcul des ordonnées, par la formule, et la manière de tra-
cer la courbe, s'apprennent dans toutes les écoles théoriques d'artillerie ; la pratique de cette méthode, si l'échelle qu'on emploie est
assez grande, donne des notions exactes sur les effets qu'on a à
attendre d'un boulet ou d'un obus à différentes distances. Le sujet
acquiert une importance particulière, lorsque les trajectoires que
l'on compare, sont celles d'un boulet plein et d'un boulet creux,
à cause des différents degrés de rapidité, avec lesquels les projectiles perdent leur vitesse en traversant l'air , et par conséquent la
branche descendante de la trajectoire s'incline plus ou moins sur
l'horizon à la fin du trajet.

266. La navigation à vapeur de l'Angleterre consistait au mois de mai 1849 en :

(*Parlementary paper*, n° 127, 10 mai, 1849.)

Vaisseau de 1er rang, mû par des palettes. .	7
Frégates mues par roues à palettes	7
Sloops . . . id. . . . . . id.	25
Canonnières id. . . . . id.	31
Frégates à hélices.	8
Sloops . . . id.	12
Canonnières.	10
Total des navires.	100

Il y a pour ces bâtiments un approvisionnement de 112 obusiers de 10 pouces (1). Cet emploi démesuré pour l'armement de l'arrière et de l'avant des steamers, paraît présenter une efficacité fort douteuse, et il paraîtrait qu'il y aurait lieu d'examiner s'ils seraient ou non remplacés avantageusement, par le 68 de 95 cwt., dans les grands bâtiments, et par le 68 de 88 cwt. dans ceux qui ne pourraient supporter une plus lourde artillerie ; il faudrait examiner aussi s'il conviendrait ou non d'armer les navires qui ne peuvent supporter cette artillerie, avec du 32 de 56 cwt., préférablement à l'obusier de 8 pouces. Toutefois les bâtiments qui ne peuvent porter ces canons à l'avant et à l'arrière, ne doivent pas être considérés comme de bons steamers de guerre.

_____

(1) *Parlementary paper*, n° 127.

VII.

Emmagasinement des obus et précautions à prendre
pour éviter les accidents dans leur tir.

267. De grandes modifications ont été introduites
dans l'armement de la marine anglaise, depuis le
règlement de juillet 1848 (voir la section sur l'armement anglais dans l'ouvrage qui paraît sur la
guerre des Steamers, par l'auteur.) Les canons-
obusiers ont été adoptés dans une proportion considérable, et l'approvisionnement d'obus, pour toutes
les classes de vaisseaux et autres bâtiments de S. M. (1),
a été augmenté et porté au taux suivant en obus et
boulets par bouche à feu.

---

(1) Voir l'état n° 128, dans l'appendice du second rapport de la
commission nommée pour les dépenses de l'artillerie, 1849.

			PAR BOUCHE A FEU.			
			FUSÉES EN MÉTAL.			
			Adaptées aux fusées.		En réserve.	
VAISSEAUX A VOILES.	Obus.	Boulet.	3 pouces.	Courts pa tis.	4 pouces.	Courts portés.
Obusiers de 8.						
Pour les six premiers............	40		30		13	
Pour les six suivants............	20	60	15		7	
Pour les autres.................	10	70	7		3	
Canons de 32.						
Pour les deux canons de 32 sur les frégates, n'ayant point de calibres supérieurs........	40	40	40		13	
Pour deux des canons de 32, sur les sloops et bricks..........	30	70	30		10	
Pour tous les autres canons de 32 des vaisseaux de guerre et frégates...................		80				
Pour tous les autres canons de 32 sloops et bricks..............		70				
Le complément suivant d'obus a été donné aux vaisseaux à voiles ; pour le combat de près, ils ont des fusées courtes.						
1er rang....................	300			300		
2e rang. { 1re classe de la princesse Charlotte,	300			300		
{ (une autre classe.	200			200		
3e rang....................	200			200		
4e rang....................	120			120		
5e rang....................	100			100		
6e rang....................	70			70		
Grands sloops...............	50			50		
Pièces de 24 et 18 sur les sloops.		70		10	13	
Caronades de 8 pouces sur des navires de la classe de l'Andromaque.	40	40	30	6		
Toutes les autres caronades....		50				
STEAMERS.						
Ne comprennent pas les navires employant auxiliairement la vapeur, comme le Plumper.						
Pour les canons à pivot de l'avant et l'arrière......	60	120	51		30	
Canons du dernier pont, calibre au-dessous de 32.						
Pour les six premiers........	40	100	37	3	20	
Pour les six suivants........	20	120	17	3	10	
Pour tous les autres........	10	130	7	3	5	

STEAMERS.	PAR BOUCHE A FEU.		FUSÉES EN MÉTAL.			
			Adaptées aux fusées.		En réserve.	
	Obus.	Boulet.	3 pouces.	Courte durée.	4 pouces.	Courte portée.
Canons de bord du dernier pont, étant de 32............	10	80	7	3	5	
Canons de bord du premier pont, au-dessus de 32.						
Pour les six premiers,........	40	40	37	3	20	
Pour les six suivants,........	20	60	17	3	10	
Pour les autres,..........	10	70	7	3	5	
Canon de bord de 32, du 1er pont.	10	80	7	3		
NAVIRES EMPLOYANT AUXILIAIREMENT LA VAPEUR.						
Canons à pivot de l'avant et l'arrière............	60	120	54	6	30	
Excepté ceux de la classe du Plumper et du Reynard qui ont....	50	70	44	6	25	
Canons de bord du Reynard et du Plumper...........	10	60	1	3	5	
Les canons de bord dans les navires de la classe de l'Arrogant et de l'Emploi, ont la même proportion d'obus, de boulets et de fusées, que les vaisseaux à voiles, de même rang et même classe.						

NOTE. Quand quelques-uns des navires que nous venons d'énumérer, ne peuvent emmagasiner tout leur approvisionnement d'obus chargés, on y supplée par des obus vides, sans mitraille, les fusées retirées et l'œil fermé par un bouchon ; mais la proportion de fusées nécessaires, ainsi que de poudre pour les charger, leur est réservée et est fixée comme il suit par obus :

Pour chaque obus de 10 pouces. 3   8
»   8 pouces. 2   4
»   56 livres 1   12
»   42 livres 1   4
»   32 livres 1   0

Pour fournir de la place à cet accroissement du nombre d'obus, il y a fallu faire de grands changements dans l'emménagement intérieur de tous les vaisseaux et autres navires.

268. Dans les vaisseaux de ligne, le magasin pour les obus de 6 pouces a été obtenu en convertissant la partie supérieure du parc aux boulets devant le grand mât, en chambre, pour les recevoir. Un espace d'environ 4 pieds 6 pouces de profondeur a donc été destiné à emmagasiner les obus de 6 pouces au lieu des boulets qui y étaient déposés précédemment. Cet arrangement est suffisant pour permettre aux navires à deux ponts de recevoir le complément additionnel de 200 obus de 6 pouces; mais sur ceux de trois ponts, il est nécessaire de faire plus de place, en ôtant, vidant ou éloignant autant d'obus de 8 pouces qu'il est nécessaire. — Un obus de 8 pouces occupe à peu près autant de place que deux des autres.

Les deux magasins pour les obus de 8 pouces sur les vaisseaux de ligne, sont en arrière du grand mât, de chaque côté du passage sous l'écoutillon. Au-dessus des obus chargés, il y a un espace suffisant pour un nombre considérable d'obus vides, qui peuvent être placés dans des compartiments sur les couronnes. Les obus munis de fusées de 3 pouces sont placées dans un des magasins, et ceux munis de fusées pour les courtes portées, dans l'autre. Les fusées de 4 pouces sont considérées comme fusées de réserve, et gardées pour les feux à longue portée.

Dimension des magasins pour obus de 8 pouces, sur les vaisseaux et navires de différents rangs, d'après le règlement. Cependant il n'y a pas deux de ces magasins exactement de ces dimensions.

RANG.	CANONS.	Complément d'obus distribué également dans deux magasins.	En travers du vaisseau,		Dimensions à l'avant et à l'arrière		Hauteur.	
			pi	po	pi	po	pi	po
1er rang	110 à 120	420	9	5	5	2	6	0
2e rang	92*	600	12	3	5	2	5	10
	84	360	9	3	5	1	5	10
3e rang	74	200	7	0	5	1	6	1
	70	200	8	3	4	3	5	7
4e rang	50	240	8	3	4	3	5	7
5e rang	44	100	4	1	5	0	5	4
	36	100	6	0	5	0	5	7
6e rang	26	80 { en 1 magas.	7	2	4	7	6	3½

Dimension des magasins pour obus de 6 pouces, sur les vaisseaux de 6e rang, corvettes et sloops.

6e rang........	22**	80 { dans	2	9	4	7	4	3
Corvette......	18	80 { deux maga-	4	3	3	0	5	6
Brick.........	16	80 { sins,	4	3	2	6	4	7
Brick.........	12	60 { dans un seul,	7	10	2	1	4	9

* Le vaisseau de 92 canons est armé de 24 obusiers de 8 p. Celui de 84 n'en a que 8 ; de là la différence dans l'approvisionnement complémentaire d'obus et dans les dimensions de leurs magasins

** Les anciennes classes n'ayant que deux canons de 32, et 20 caronades de 32.

Les dimensions des magasins à obus dans le London
  92 et le Formidale 84 sont :

	London		Formidable	
	pi	po	pi	po
Hauteur	5	0	5	10 ¼
Avant et arrière	2	11 ½	2	8
En travers du vaisseau	9	0	7	10

Ces deux dernières dimensions dépendent de celles
du parc aux boulets, on ne peut fixer aucun chiffre
pour les autres classes de bâtiment; mais il paraît
que l'on trouvera des espaces suffisants dans les navires de rang inférieur, pour placer les obus supplé-
mentaires dans les magasins à obus existants et dans
les espaces destinés aux passages.

Distance entre la ligne de flottaison et le haut, ou cou-
  ronne des espaces désignés pour magasin aux obus
  de 8 pouces dans les vaisseaux et bâtiments dési-
  gnés ci-dessous.

	Classe	Pieds	Pouces
Caledonia	120	6	8
London	92	8	0
Formiduble	84	5	8
Benbow	74	4	0
Cumberland	70	4	6
Vernon	50	7	4
Résistance	44	7	0
Pique	36	5	6

Alarm (1)	26	3	6
Didon, corvette	18	2	10
Bittern	16	2	3
Espiègle	12	2	10

Les réservoirs d'eau sont entre les magasins d'obus et les murailles du vaisseau, et devront pour cela être toujours tenus pleins. Les chaînes-câbles, les parcs aux boulets, les cordages de réserve aussi bien que des réservoirs d'eau, sont, dans ces classes, entre la chambre aux obus de 6 pouces et le bord du vaisseau pour la rendre inaccessible aux boulets.

Les magasins aux obus, étant suffisamment spacieux dans les frégates pour recevoir leur complément d'obus de 6° outre ceux de 8 pouces, il n'y a pas de nécessité de vider ou de déplacer ceux-ci.

L'opération de passer les obus à travers les rangs de canons jusqu'à la grande écoutille dans les frégates, exige tant de mains et est si longue, qu'on a jugé nécessaire de faire un nouvel écoutillon immédiatement au-dessus de celui qui existe à présent, comme dans les vaisseaux de ligne pour communi-

---

(1) Outre l'*Alarm* 26, nous avons encore une petite classe de 6° rang (autrefois frégate de 28 canons) qui n'a maintenant que 2 canons de 32 de 50 cwt., et 22 canons de 32 de 40 cwt., et qui par conséquent reçoit un complément de 80 obus de 6 pouces, au lieu de 8, comme pour les classes de l'*Alarm*, *Vestal* et *Tricomalée*.

quer avec le premier pont, en permettant de passer 2 obus à la fois (1).

Les sloops ne sont approvisionnés que d'obus de 6 pouces, et sur leur nombre un quart est pourvu de fusées pour les petites portées ; on en place tant qu'on peut dans le magasin aux obus, le reste est placé vide dans les ailes de la soute au pain.

Les chambres aux obus, dans les petits bricks, sont construites dans les ailes ou espace de chaque côté de la cloison du magasin.

Distance entre la ligne de flottaison et le sommet, ou couronne des magasins (colonne 1) pour les vaisseaux et bâtiments dénommés ci-dessous, et différence en pieds et pouces de cette ligne, le bâtiment étant chargé ou allégé (colonne 2) (2).

	Classe	1 Pieds	Pouces	2 Pieds	Pouces
Caledonia	120	5	6	1	6
London	92	5	6	1	4
Formidable	84	6	0	1	3

(1) Dans la frégate française *la Psyché* (voir armement français dans l'ouvrage qui paraît sur la guerre des steamers), un écoutillon a été ouvert sur le pont entre les canons, par lequel les obus sont passés pour le service de chaque pièce (voir la nouvelle méthode pour faire parvenir les cartouches pour le service des canons des ponts, sect. v, part. IV).

(2) Les chiffres de la dernière colonne donnent l'exhaussement

Benbow	74	5	6	1	3
Cumberland	70	6	0	1	2
Vernon	50	4	10	1	0
Résistance	44	3	6	1	0
Pique	36	2	4	0	10
Alarm	26	3	4	1	0
Didon, corvette	18	2	0	0	8
Bittern	16	1	9	0	6
Espiègle	12	1	7	0	6

Sur le *Prince-Régent*, qui a été dernièrement armé et disposé pour donner de l'extension au tir des obus (1), il y a un espace suffisant pour l'emmagasinement de 740 obus de 8 pouces.

Le magasin pour les obus de 6 pouces est en avant du grand mât, avec deux portes s'ouvrant sur la grande câle ; il est garni partout de cuivre, a 9 pieds 6 pouces de large, 5 pieds 3 pouces de long, et

---

du bâtiment, en supposant qu'il ait consommé deux mois d'eau et de provisions, c'est tout ce qu'il est probable que consommerait d'eau et de provisions un navire de guerre anglais avant de les renouveler, à moins de circonstances extraordinaires qui empêchent le ravitaillement.

(1) 32 obusiers de 8 pouces de 65 cwt. sur le premier pont, 34 canons de 32 longs, de 56 cwt. sur le pont intermédiaire, et 36 canons de 32, de 42 cwt., sur le quatrième pont et le gaillard d'avant. Le premier pont de la *Reine* est maintenant armé (juillet 1849) d'obusiers de 8 pouces en remplacement de canons de 32, de 56 cwt. (*Parlementary paper*, n° 128 ; 1849).

6 pieds de haut. Le haut de l'espace réservé aux obus de 8 pouces chargés, est à environ 5 pieds au-dessous de la ligne de flottaison, ou 2 pieds au-dessous du faux pont.

269. Pour écarter, autant que possible, l'inconvénient et le danger de charger les obus à bord et d'y adapter les fusées, ils sont généralement envoyés dans des boîtes contenant chacune un obus (1).

L'espace nécessaire pour l'emmagasinement est calculé d'après les dimensions des boites (fig. 28, pl. 1) qui sont les suivantes :

	Obus de 10 p.	Obus de 8 p.	Obus de 32.	
	Pouces	Pouces	Pouces	
Longueur	12	10	8	2
Largeur	12	10	8	2
Hauteur	12 1|2	11	8	8

(1) Prix des obus pour la marine.

	8 pouces.		6 pouces.	
	Sings	Ders	Sings	Ders
Fonte............	4	»	2	»
Nettoyer.........	»	8	»	8
Boucher.........	» 10 1|2		» 10 1|2	
Emplir et charger.	2	»	1	6
Boîte............	1	11	1	6
	Sings	Ders	Sings	Ders

Fusées métalliques de 3 pouces, 1 10; de 4 pouces, 2 4.
Courte portée..... 1 6

Le compartiment pour 100 obus de 10 pouces en boîtes a environ   87 pieds cubes.

Id. pour obus de 8 pouces   64

Id pour obus de 32 pouces   38

Mais telle est la difficulté de trouver un emmagasinement pour l'approvisionnement considérable d'obus avec des boîtes des dimensions données ci-dessus, qu'on a proposé de substituer aux boîtes des couvercles de fusées en bois, représentés par A B, fig. 29, pl. I, pour transporter ou pour suspendre les obus; le couvercle A B est attaché par une corde à un tampon en bois C D ; l'obus est placé entre ces deux planches, mais de manière à pouvoir le retirer facilement pour le mettre dans la pièce. La hauteur pour l'engerbement sera alors réduite de 8 p., 8, qui est celle de la boîte, à 7 p., 6, et la largeur, de 8 p., 2 à 6 p., 25. Les Français, ayant aussi éprouvé ce manque de place, proposent de supprimer la boîte et de placer les obus près des baux (voir *Système français d'emmagasinement*, sect. v, part. IV).

270. Les fusées en bois, ayant été trouvées susceptibles d'être détruites ou détériorées par l'humidité ou la chaleur dans les vicissitudes du service à la mer et plus exposées à être enflammées accidentellement que celles de métal, tous les obus pour la marine, avant d'être embarqués, sont munis de fusées en métal à vis, dont la longueur est de 4 pouces, 3 pouces $1/4$ (voir fig. 30, 31, 32, pl. I) et sont protégées par une coiffe en métal.

Indépendamment des avantages que présentent ces fusées en métal, en offrant plus de sûreté et étant à l'abri des détériorations, elles ont encore celui de faire éclater l'obus avec plus de violence que les fusées en bois. Le diamètre de l'œil pour les premières n'étant que de 0 p., 9, tandis qu'il est pour les autres de 1 p., 2. Cette plus large ouverture donne, jusqu'à un certain point, issue à la charge, et alors, ou l'obus n'est pas brisé, ou il éclate en produisant un effet comparativement moindre. Un obus de 8 pouces avec une fusée en bois, exige une charge de 22 onces de poudre pour éclater ; avec une fusée en métal, il éclate avec une charge de 16 onces. Un obus de 6 pouces avec fusée en bois exige 14 onces de poudre pour son explosion ; avec fusée en métal, il ne lui en faut que 5 onces. Un obus, muni de fusée en métal, est donc une plus puissante mine lorsqu'il éclate dans un vaisseau ennemi, que l'obus de même espèce qui a une fusée en bois. D'après toutes ces raisons, les fusées en bois ont été supprimées pour le service de la marine.

271. Pour éviter le danger, en approvisionnant d'obus les bouches à feu, on les apporte dans leur boîte, dont les liens ne sont défaits qu'au moment de les mettre dans la pièce, et la coiffe de la fusée ne doit être enlevée ou dévissée que lorsqu'ils sont introduits dans l'âme. On ôte alors la coiffe et on pousse l'obus à sa place, la tête du refouloir ayant une cavité pour recevoir la fusée, et pour protéger l'amorce contre son contact.

La précaution de ne pas dévisser la coiffe, avant que l'obus soit introduit, est d'une extrême importance. Un accident terrible eut lieu au magasin à obus ou sur le pont, à bord du vaisseau de S. M. *la Médée*, par l'inflammation de la fusée en dévissant la coiffe (art. 152, 158). Un pareil accident se présenta dans une autre circonstance. Depuis, les vis ont été placées sur le côté extérieur de la fusée, comme mesure de précaution (voir fig. 33) et cette mesure a réussi.

272. Comme il peut ne pas être praticable de sortir assez promptement les obus de leurs magasins dans les feux vifs de bordées, lorsque l'action est engagée, deux ou trois obus par pièce, enfermés dans leur boîte (fig. 28) ou munis de leur couvercle à fusée (fig. 29), avant l'action, sont placés sur des tablettes en arrière, ou suspendus aux baux au milieu du vaisseau; la raison de cet arrangement est qu'ainsi placés, les obus sont moins exposés au feu de l'ennemi qu'en toute autre place.

273. Les feux vifs à obus, des bordées, ne doivent en général commencer qu'à la distance à laquelle on doit employer les fusées pour les courtes portées, c'est-à-dire 600 yards; car si le feu commence à de grandes distances il sera nécessaire d'employer d'abord les fusées de 3 pouces, et alors changer les fusées pour les courtes portées; ou si la distance est encore plus grande, il faudra commencer avec les fusées de 4 pouces, ensuite prendre celle de 3

pouces, et enfin celles pour les courtes parties ; mais
tous ces changements de fusées dans l'action sont
très-lents et doivent être évités s'il est possible. Cependant si le navire est assez approvisionné d'obus
pour ne pas être obligé de les réserver pour le combat de près, le feu des obus peut commencer avec
les obusiers de 8 pouces, à la distance correspondante au temps de conflagration des fusées de 3
pouces, c'est-à-dire aux distances de 1800 à 1900
yards. Dans ce cas, les officiers ne perdront pas de
vue que la nécessité de changer les fusées d'une
classe à une autre est aussi impérieuse que celle de
changer la charge de poudre, et l'opération se fait
avec autant de facilité.

274. A cause de la difficulté et des inconvénients
qu'il y aurait à diminuer la longueur ou le temps de
combustion des fusées, pendant l'action, pour la rendre convenable aux diverses distances, lorsque les
vaisseaux s'approchent l'un de l'autre, on les a divisées
en trois classes, comme on l'a dit à l'art. 270. Cette
mesure corrige, jusqu'à un certain point, les inconvénients que présentent les fusées lentes dans le tir
horizontal. Car, quoiqu'en théorie, en passant d'une
classe de fusée à une autre, on franchisse un intervalle
de temps fixe, sans tenir compte des autres circonstances, tels que distances, angles, trajets qui sont
variables, et qu'il y a là cause d'erreur, cependant,
dans la pratique, cette classification est importante
pour l'emploi des fusées lentes. Lorsque la fusée de

4 pouces, de 20 secondes, cesse d'être convenable, on
emploie la classe de fusée de 3 pouces de 7 secondes
et 1/2, et lorsqu'on atteint la distance de 600 yards,
on remplace les autres fusées par celle pour les courtes
portées. Les obus, munis de ces différentes fusées,
doivent, d'après le calcul, atteindre avant leur explosion les distances correspondantes avec la plus
petite charge. A de plus courtes distances, les obus,
ainsi préparés, pourraient traverser les deux murailles sans éclater. Dans la table V, on a augmenté,
à dessein, de 1/4 de seconde le temps strictement nécessaire pour parcourir la trajectoire, afin de n'être
pas exposé à ce que l'explosion ait lieu avant que le
vaisseau sur lequel on tire soit atteint. Si le projectile
éclate prématurément, son effet, comme boulet et
comme obus, sera perdu. Ce 1/4 de seconde obviera,
aux légères erreurs que peut donner la fusée par un
défaut de longueur. Si la fusée est trop longue, l'erreur a moins d'importance, car on a une grande
probabilité que l'obus éclatera peu de temps après
avoir frappé, à cause du peu de composition qui res-
tera encore à brûler.

275. La fusée de 4 pouces, fig. 30, est chargée
avec de la composition à fusée et est destinée aux
longues portées ; le temps complet de sa combustion
est de 20 secondes. Elle peut être coupée ou percée
en dedans, ou réduite avec la scie à fendre, ou allésée
avec la tarière à fusée. Mais il faut observer que si la
fusée de 4 pouces est coupée à l'intérieur très-

profondément avec la scie à fendre, la partie inférieure est sujette à être poussée dehors par la concussion de la charge ; la composition peut alors être
dérangée, et, par suite, une explosion prématurée
avoir lieu.

La fusée de 3 pouces, fig. 31, est chargée avec de
la poudre humectée ; le temps de sa combustion est
de 7 secondes et demie. Elle n'est pas destinée à
être coupée, mais, pour des distances en deçà de
1,900 yards, le temps de combustion peut être diminué, ou en la perçant à l'intérieur ou par la tête. La
fusée de 1 1/4 pouce ou à courte portée (fig. 32),
avec 0^p,35 de composition et l'amorce, est destinée
à ne brûler que pendant le court intervalle de
2".

Les fusées métalliques ont ce grand avantage
qu'elles ne sont pas si proéminentes que celles de
bois à la surface du projectile, et, qu'étant fortement
vissées dans l'œil, elles ne sont pas sujettes à être
brisées ou arrachées, soit dans le canon, soit en
traversant la muraille du vaisseau. Telle est la sécurité que présentent les fusées métalliques à vis, avec
les coiffes en métal, que les obus qui en sont munis
ont résisté à l'explosion d'un de ces projectiles en
contact immédiat, ce qui n'a pas lieu pour des obus
pourvus de fusées en bois avec coiffes en toile.

Les obus, auxquels sont adaptées des fusées pour
courtes portées, agissent souvent par concussion ; le
cylindre de composition étant ébranlé par le choc en

traversant la muraille d'un vaisseau, dans ce cas, l'explosion est instantanée et l'effet très-destructeur. Le déplacement de la composition de la fusée, dans l'âme, par le choc de la décharge, est empêché par un moyen ingénieux que nous avons annoncé dans la première note de la page 183, et qui rend la fusée pour courte durée très-bonne pour le tir horizontal.

Pour obtenir les avantages que donnent accidentellement les obus pour courte portée, une bonne et efficace fusée à concussion, ou avant tout autre moyen d'obtenir l'explosion, un obus à percussion, donnant sécurité et effet, serait une importante découverte pour le tir horizontal des obus, si elle remplissait les conditions que nous avons présentées à l'article 258.

Pour atteindre ce but, depuis longtemps on a fait des tentatives ingénieuses, avec un espoir croissant de succès. Ce système tant désiré a été porté récemment à un grand degré de perfection par un officier capable et accompli, le capitaine Moorsom, de la marine royale, dans son obus à percussion découverte, qu'il serait évidemment déplacé de publier ici.

Les Français ont aussi depuis longtemps essayé des fusées à percussion, et il paraît, d'après ce qui est dit par M. Charpentier et d'autres auteurs, qu'ils ont porté un de ces moyens à la perfection dans l'obus Billette (1).

_____

(1) Les boulets creux employés sur la flotte, doivent désormais

276. Il paraît que les forces navales de ces deux grandes puissances maritimes sont pourvues de ces effrayants moyens de destruction mutuelle et sont prêtes, si l'occasion s'en présente malheureusement, à s'en servir à outrance contre les vaisseaux, l'une de l'autre, dans un barbare et ignoble conflit, où il semble que toute la question est de savoir qui sera le premier incendié. Nous connaissons le danger du système des obus, et notre devoir est de prémunir contre eux. Les Français, il faut le remarquer, ont souffert de terribles preuves des effets perfides et suicides des projectiles incendiaires dans les combats, avec nos navires et nos flottes, dans le cours de la dernière guerre : nous en rendrons compte dans une autre occasion.

Qu'il nous suffise, à présent, de constater, qu'in—

être assujettis au mécanisme percutant de l'invention de M. le capitaine de corvette Billette. Nous avons dit les raisons qui ne nous permettent pas de nous étendre sur ces projectiles. — *Essai sur le matériel de l'artillerie de nos navires de guerre*, page 164. M. Billette a intérieurement appliqué le principe fulminant à l'inflammation des fusées des grenades pour la marine, qui sont lancées du haut des vaisseaux français sur les ponts des vaisseaux ennemis, soit avec la main, soit avec des *bracelets* (sorte de fronde dont une extrémité tient au bras par une courroie). Tous les navires de guerre français sont maintenant largement pourvus de ces projectiles incendiaires. — Savoir 300 pour les vaisseaux de ligne et 250 à 170 pour les frégates, suivant leur classe.

dépendamment d'un grand nombre de cas d'explosion relativement insignifiants, *qui s'est trop sou-*
vent renouvelé dans la longue et funeste guerre de la
révolution. » De la Gravière, volume 1, page 97. —
Quatre ou cinq vaisseaux de ligne, six frégates et de
plus petits navires ont été incendiés, ont sauté, ou
ont été si terriblement endommagés par leurs propres
moyens incendiaires, qu'ils ont été incapables d'une
plus longue résistance, et cela sans endommager ou
détruire un des nôtres. Et dans ces terribles catas-
trophes, bien des centaines de Français ont péri ;
tandis que nombre de ceux qui se sont jetés à la mer,
pour éviter la furie d'un plus cruel élément, ont été
retirés de leur cimetière humide par l'humanité et
l'intrépidité des marins anglais (1) qui, dans la chaleur de l'action, avec grand péril pour eux-mêmes,

---

(1) Dans le combat du 13 juillet 1795, l'*Alcide*, 74, s'incendia
avec ses propres grenades. Des 615 hommes qui étaient à bord 300
furent sauvés par les embarcations des vaisseaux anglais. (*De la*
Gravière, vol. 1, page 97. — *Histoire navale de James*, vol. 1, page
271.) L'*Alcide*, à Trafalgar, s'incendia pareillement lui-même lorsqu'il était engagé de près avec le *Prince*. Aussitôt que le capitaine
Grindall s'aperçut que son adversaire était en feu et que l'équipage
s'élançait par-dessus le bord, il envoya ses chaloupes à leur secours, et avec celles du *Swittsure*, capitaine Rutherford, bientôt
aidées par celles du schooner le *Pickle* et du cutter l'*Entreprenante*,
elles réussirent dans leur noble et généreux dessein.
(*Histoire navale de James*, vol. IV, pages 74-77.)

et des pertes en tués et blessés, ont réussi dans leur
généreuse entreprise.

Nous sommes profondément sensible au caractère
atroce que prendra un tel système de guerre, dans
lequel nous pouvons être entraînés ; mais l'adoption
de ce système par nous n'imprimera aucune tache
à notre caractère national, car la défense personnelle est la première loi de la nature et le premier
devoir des nations, et nous avons des moyens étendus d'employer le système des obus à la guerre, si
on nous y forçait. Mais, sous d'autres rapports, pou-
vons-nous donner au système incendiaire autant
d'extension que ceux desquels nous avons en grande
partie imité ceux que nous avons déjà ?

Les obus français pour la marine contiennent
des corps incendiaires (1) qui, lorsqu'ils sont en-
flammés par l'explosion de l'obus, sont projetés
dans toutes les directions, brûlent avec plus d'intensité que la roche à feu, développent plus de chaleur et produisent une fumée épaisse ; pendant leur
combustion, cette fumée interrompt pendant assez

---

(1) « Ces cylindres sont les mêmes pour tous les projectiles creux,
et ils ne diffèrent entre eux que par leurs dimensions qui varient
suivant le calibre des projectiles.

« La nouvelle composition dont on se sert pour garnir les cylindres, brûle avec beaucoup d'intensité, et donne un grand développement de chaleur ainsi que beaucoup de fumée pendant sa
combustion, en sorte que cet incendiaire remplace avec avantage

longtemps la manœuvre et le pointage des pièces.
Les propriétés de ces cylindres incendiaires ac-
croîtront prodigieusement la chance d'incendier le
vaisseau ennemi dans les combats de près, en lais-
sant celui qui les lance comparativement en sécurité,
à moins que son adversaire use des mêmes moyens.
S'il le fait, l'issue du combat sera décidée par les
artifices et les brûlots, et peut-être les deux combattants, mais au moins un, seront brûlés. Si nous
dédaignons de descendre à de tels moyens, et cela
est jusqu'à un certain point, alors il faut tâcher
d'agir d'une autre manière, qui ne nous expose pas
si désavantageusement aux effets destructeurs d'en-
gins que nous avons honte d'employer. Qu'aurait
dit Nelson de ce système de guerre incendiaire (1) ?

---

la roche à feu et les mèches que l'on employait pour obtenir le
même effet *.

« Le département de la Marine a adopté ce perfectionnement ;
et un tableau indiquant le chargement des projectiles creux et la
composition du nouvel incendiaire a été envoyée dans tous les ar-
senaux maritimes pour que les artificiers aient à s'y conformer. »
Essai sur le matériel d'artillerie de nos navires de guerre, par
F.-E.-A. Charpentier, colonel d'artillerie de marine, p. 165. —
Aide-mémoire naval, p. 270. — Et Gassendi, p. 179.

(1) Traduction de *De la Gravière*, par le capitaine Plunket.
« Nelson ayant été témoin de la destruction de l'*Alcide* et de l'*O-*

* La quantité de cette composition mise dans l'obus du canon-obusier
de 80 est de 0 kil. 270 (9.53 onces). Et dans le canon-obusier de 30,
0 kil. 150 (5.3 onces).

Le boulet rouge, encore un projectile incendiaire
que Napoléon dénonçait comme une arme dange-
reuse, inquiétante et difficile (*Mémoires*, t. I), est
tellement répugnant aux sentiments français qu'ils
y avaient renoncé, va être de nouveau employé, sinon à bord des vaisseaux, au moins dans les batteries de côte (témoin le sort du *Christian VIII*, vaisseau
de ligne danois), et, sans aucun doute, les vaisseaux
chargés d'obus en ramèneront l'usage.

Nous trouverons, au chapitre sur les projectiles,
dans l'ouvrage de M. Charpentier sur l'artillerie de
marine, que des expériences ont été faites à Lorient
et à Brest avec un nouveau genre de projectiles appelés asphyxiants (1), à cause qu'ils développent des gaz

---

rient, regardait l'incendie comme le plus grand danger d'un combat naval. Avant le commencement de la bataille de Trafalgar, il
ordonna de bien mouiller toutes les couvertures des hamacs à
bord du *Victory* et de jeter à la mer ou d'éloigner tout ce qui
pourrait servir d'aliment au feu. C'est à cette préoccupation avant
tout qu'il faut attribuer l'absence de la mousqueterie dans les hunes
du *Victory*. Nelson pensait qu'une décharge par maladresse ou une
explosion fortuite pouvait mettre le feu aux hunes et aux gréements, et être cause d'un effroyable accident; cela arriva en effet
dans cette bataille au vaisseau français *l'Achille.* » — Il aurait pu
ajouter et au *Redoutable.* — Vol. II, p. 224.

(1) Une nouvelle espèce de projectiles, dits asphyxiants parce qu'ils
ont en effet la propriété de produire le développement de gaz délétères, l'asphyxie immédiate des êtres organisés, ce qui les rendrait
surtout redoutables pour les navires ennemis sur lesquels l'agglo-

délétères, qui produisent immédiatement la suffocation des êtres animés. On ne sait si cette arme vraiment diabolique a été ou non adoptée dans la marine française ; mais elle reste comme type d'un des moyens du nouveau système de guerre français.

Les fusées sont dans la catégorie des projectiles adoptés par la marine française comme incendiaires (Charpentier, page 200). Elles sont, dit-on, particulièrement propres aux vaisseaux à vapeur, qui ont la faculté de s'approcher aussi près que possible des côtes, et compenseraient d'ailleurs avantageusement sur ces navires le petit nombre de bouches à feu que leur nature permet d'y placer. Le *Vengeur* fut coulé, dans le combat du 1er juin 1794, par le feu du *Brunswick*, capitaine Harvey. Lorsqu'il sombra, toutes les chaloupes de l'*Alfred*, du *Culloden*, du cutter *Ruttler* qui purent nager, furent envoyées pour sauver le plus de monde possible. Ainsi 213 hommes furent sauvés par les embarcations de l'*Alfred*, tandis que celles du *Culloden* et du *Ruttler* en retirèrent environ une fois autant. (*Histoire navale* de Jame, vol. I, page 164, édition de Charnier.)

Mais ces nobles et généreux sentiments, ces traits

---

mération d'un grand nombre d'hommes dans un espace resserré en favoriserait puissamment l'effet suffocant. (*Essai sur l'artillerie de nos navires de guerre*, p. 185.)

d'humanité, loin d'être encouragés et pratiqués, seront étouffés et défendus dans cet impitoyable, sauvage et honteux système de guerre, auquel il a fallu nous préparer, malgré la plus grande répugnance et avec une énorme dépense.

Le drapeau noir flottant sur l'asile des malades, des blessés et des mourants, dans une forteresse assiégée, est respecté par les usages de la guerre, comme l'indice d'un lieu recommandé à l'humanité. Là les chirurgiens non combattants remplissent en sécurité leur triste devoir, les malades et les blessés ne sont plus exposés aux accidents de la guerre, et les mourants expirent en paix. Mais que peut-on dire de ce système inhumain qu'on prépare pour la guerre navale, qui, dans ce siècle de lumière, avec réflexion, avec calcul, avec préméditation, menace indistinctement ceux-là et les autres survivants d'une mort prochaine ou de la mutilation ? Un navire peut sombrer dans l'action ; cependant, comme nous l'avons vu, on a toujours le temps d'enlever les malades et les blessés, et de sauver ceux qui survivent ; mais qui approchera un vaisseau en feu, pour préserver son équipage des effets prompts et désastreux de ce système impitoyable et barbare, dont le but est de mettre le feu au cœur du navire, et, s'il est possible, le faire sauter ? Pour prouver que nous ne sommes pas les auteurs de ce barbare système, il suffit de renvoyer le lecteur à l'ouvrage original de M. Paixhans, 1825,

« *Sur une arme nouvelle et conséquences qui paraissent en résulter*, » dans lequel il avoue partout
qu'elle a particulièrement pour but de détruire la
puissance navale de l'Angleterre (1) par le moyen de
projectiles incendiaires de toutes sortes, mais non, à
ce qu'il paraît, sans de nombreux mécomptes pour
les guerriers d'un peuple généreux, brave et cheva-
leresque.

277. Lorsqu'il deviendra d'une nécessité absolue
de préparer les obus à bord, les fusées en métal seront soigneusement nettoyées et lutées avant de les
placer; les obus seront remplis au moyen d'un en-
tonnoir, en ayant soin d'enfoncer son orifice au-
dessous de la vis de l'œil de l'obus, de manière
qu'aucun grain de poudre ne puisse s'arrêter à la
gorge. Pour se prémunir plus efficacement contre
cet accident, la vis femelle dans l'intérieur de l'œil
sera aussi nettoyée soigneusement, et une enveloppe
de parchemin ou d'autre matière sera placée au-dessous du collet ou tête de la fusée; enfin, il faut qu'il
n'y ait pas de contact entre le métal de la fusée et celui de l'obus.

Tous les obus, pour le service de la marine, sont
fixés à des tampons de bois par des liens ou bandes
de fer-blanc, ou attachés par des ficelles à des anneaux de cordage, pour les empêcher de tourner

---

(1) Voir le 2ᵉ rapport de la commission pour l'estimation de
l'artillerie, 1849, pages 524, 525 et suivantes.

lorsqu'on les met dans l'âme. Le dernier moyen est préférable, parce que les bandes de fer-blanc sont sujettes à être brisées ou détériorées par l'humidité.

278. On examinera souvent les fusées, pour voir si leurs coiffes ne sont pas rouillées au point d'em-pêcher de les dévisser ; mais cette opération ne peut se faire avec sécurité qu'en mettant l'obus, dont on veut examiner la fusée, dans une pièce préalable-ment chargée avec une petite quantité de poudre, en ayant soin de ne laisser personne en avant, à droite et à gauche. La coiffe peut alors être dévissée avec sécurité avec l'instrument proposé par le capitaine Nott, un toron en cuivre disposé pour cet usage ; le même instrument est employé pour placer et ôter la fusée des obus. Les hommes qui manient cet instru-ment auront soin de se tenir en arrière de la bouche pour éviter des accidents dans le cas où la fusée s'enflammerait.

279. Les remarques suivantes peuvent être utiles pour régler les charges, dans le tir à obus, contre les vaisseaux. A 1250 yards, dix livres de poudre lancent un obus de 8 pouces à travers la première muraille et le logent dans la seconde d'un vaisseau de ligne, à hauteur du premier pont ; avec 8 livres de poudre, un obus de 8 pouces traversera la pre-mière muraille et ricochera sur la seconde. A 900 yards, avec des charges de 8 et 10 livres de poudre, un obus de 8 pouces traverse un côté du navire et se loge dans l'autre. A 600 yards, avec des charges de

7 à 8 livres de poudre, un obus de 8 pouces traverse juste les deux murailles et tombe. A 600
yards, avec 5 livres de poudre, un obus de 8 pouces
traverse la première muraille et se loge dans la seconde. A 300 yards, avec des charges de 7 à 8 livres
de poudre, l'obus de 8 pouces perce les deux côtés
et s'engage dans le bordage. Un boulet creux, tam-
ponné avec 10 livres de poudre, à 1250 yards, traverse un bord et s'engage dans le second. Avec une
charge de 12 livres (aujourd'hui abandonnée), les
obus se brisent dans l'âme ou à la bouche de la
pièce. En général, on doit se servir des plus faibles
charges propres à atteindre le but qu'on se propose.

VIII.

Sur les fusils rayés.

280. Les fusils et les carabines sont des armes
importantes dont jusqu'à présent on n'a pas fait un
usage suffisant dans la marine. Quoiqu'une balle de
plomb ait infligé à notre pays l'accident le plus dé-
plorable qu'on ait jamais rencontré dans une bataille,
la mort de Nelson, le perfectionnement de cette arme

qui, c'est probable, sera un jour adoptée dans le service de la marine, est donc d'un grand intérêt public :
par conséquent l'examen des fusils nouveaux, destinés à lancer des balles allongées de diverses for-
mes (art. 176, 177, 178), plus pesantes que les
balles sphériques, avec le système des rayures, mérite une place dans cet ouvrage. Nous remarquerons
que dans la marine il n'y a pas à faire d'objection
contre le plus grand poids des nouveaux projectiles
comparés aux anciens, objection qui se présente,
pour le service de l'armée de terre, parce que cela
charge plus le soldat ou l'empêche de porter le même
nombre de cartouches.

281. C'est un fait digne de remarque que les
Français abandonnèrent les carabines, comme arme
de guerre, dès les premières campagnes de la
guerre de la révolution (1) ; et il n'en fut plus question dans le service qu'après la restauration, lorsque

---

(1) Favé, *Des nouvelles carabines et de leur emploi*, page 3. Paris,
1847. En 1793, un très-petit nombre de régiments d'infanterie légère en France furent armés de carabines chargées suivant la méthode ordinaire en enfonçant la balle à coups de maillets. Mais,
comme dans les campagnes de cette année, les armées françaises
étaient peu familiarisées avec des armes si compliquées, et ne
pouvaient être suffisamment exercées à leur emploi, on abandonna
les carabines et on n'y pensa plus pendant toutes les guerres de la
Révolution et de l'Empire.

M. Delvigne en présenta d'un nouveau modèle, qui porte son nom.

Pour remédier à la perte de temps et à la difficulté que présentait le chargement des anciennes carabines, dans lesquelles la balle devait être forcée à coups de marteau ou de maillet sur la baguette, ce qui fit longtemps suspendre l'emploi de cette arme, **M.** Delvigne proposa de donner assez de vent pour que la balle entrât librement dans le canon et qu'arrêtée sur les bords de la chambre, qui existait dans la nouvelle arme, elle y fût ensuite forcée pour s'étendre et remplir les rayures par quelques coups secs; en sorte que dans le tir, la balle sortait forcée comme de la carabine, sans y avoir été introduite par le forcement.

282. Mais cette ingénieuse invention ne parut pas donner tout ce qu'on en attendait. Le bord de la chambre sur lequel s'appuyait la balle, n'étant pas opposé à la direction du choc, ne présentait pas un appui suffisant pour que la balle pût s'y étendre, lorsqu'on la frappait avec la baguette pour l'aplatir; d'un autre côté, la charge ayant été d'abord introduite, quelques grains s'arrêtaient sur les bords de la chambre et formaient encore un obstacle à l'expansion en amortissant le choc, et comme on ne pouvait employer de sabot, les rayures se remplissaient et le plomb s'y fixait en assez grande quantité, pour qu'on ne pût y remédier par aucun moyen.

283. Pour éviter ce défaut, le capitaine **Thouvenin**

proposa en 1828 de supprimer la chambre et de la
remplacer par une tige cylindrique ou colonne
d'acier (fig. 32, page 33), vissée au centre de la culasse dans le canon, en sorte que la balle s'arrêtant
sur la partie plate de l'extrémité de la tige, à laquelle
la direction du choc était normale, elle s'y aplatis-
sait plus aisément et était forcée à entrer dans les
rayures.

284. Mais ici un autre défaut se présenta. La tige,
occupant une grande place au centre du canon, et
la charge étant placée dans l'espace annulaire qui
l'entoure, la poudre, au lieu d'agir suivant l'axe du
canon et sur le centre du projectile, n'avait d'action
que sur la partie sphérique en avant de la chambre
annulaire, et l'impulsion étant oblique, il y avait
perte de force. (*De la création de l'emploi de la force
armée*, pages 44, 45. Paris, 1848).

Le perfectionnement que proposa ensuite M. Delvigne fut de donner à la balle une forme plate en arrière, le corps étant cylindrique et terminé en avant
par un cône A (fig. 34, page 333), diminuant ainsi
la résistance qu'éprouve dans l'air le projectile relativement à celle qu'il éprouverait s'il était terminé
par une forme hémisphérique. La forme de cette balle
est à peu près celle du solide de moindre résistance de
Newton (art. 176).

285. Lors de la conquête d'Alger, une armée
française de 100,000 hommes fut longtemps tenue
en échec par les habitants nomades de cette contrée,

peuple mal armé, et sans aucune organisation militaire; favorisés par la rapidité de leurs mouvements,
les cavaliers arabes, se tenant à distance, dirigeaient
contre leurs adversaires, qui manquaient de cavalerie,
le feu meurtrier de leurs longs fusils et se retiraient
hors de la portée des armes de l'infanterie euro-
péenne dont les colonnes, encombrées par l'artillerie et les bagages, ne pouvaient les suivre avec
une suffisante rapidité. On sentit bientôt la nécessité
d'armer l'infanterie française de fusils capables de
réunir à une grande justesse de tir, une portée plus
longue que ceux en usage, et les bataillons de chasseurs (infanterie), organisés en 1840, furent armés
de carabines à tige. (Delvigne, *De la création de l'emploi de la force armée*, pages 14, 15, 16 et 45). Il
est probable que les circonstances dont nous venons
de parler, attirèrent l'attention de tous les militaires
en général sur le perfectionnement du fusil et de
la carabine.

En 1841, un brevet fut obtenu par le capitaine
Tamisier, pour sa méthode de donner plus de stabilité à la trajectoire des balles cylindro-coniques, par
le moyen de rayures circulaires taillées dans la partie
cylindrique de la balle, qui ont pour effet d'augmenter la résistance de l'air, en arrière du centre de
gravité, et par suite, de maintenir avec plus de précision l'axe de rotation dans le plan de la trajectoire. (Voir article 193). Ces rayures sont aux pro—

jectiles ce que sont les plumes à la flèche, la baguette
à la fusée (1).

286. Nous donnons ici une courte description du
fusil à tige français avec ses derniers perfectionne-
ments.

Le fusil à tige est chargé par la bouche avec un
projectile en plomb A (fig. 34, planche I); le diamètre du projectile est de 0ᵖ,657, son poids de 728
grains. Le canon BB du fusil a 34 pouces de long,
il a 4 rayures; il est muni d'une hausse ou visière
de 3ᵖ 1/4 de hauteur, la tige G est vissée au fond
de la culasse. La cartouche, contenant 2 1/2 drams
de poudre, est en fort papier, lié autour de la balle
à la cannelure D, près de la base.

Pour charger, le soldat déchire la cartouche, la
poudre est versée dans l'espace FF, autour de la
tige, et il jette le papier de la partie supérieure de
la cartouche; la balle, dont le diamètre diffère peu
de celui de l'âme, est enfoncée jusqu'à ce que la

---

(1) Quelques expériences très-intéressantes ont été faites récemment avec des fusées sans baguettes, le mouvement de rotation
autour de leur axe leur étant imprimé en donnant une direction
oblique aux orifices par lesquels s'échappe la composition enflammée et comprimée, au lieu d'une direction parallèle à l'axe. Par
ce moyen, on combine les forces qui donnent le mouvement de
rotation et celui de translation, et tant que le premier continue, la
trajectoire est à peu près perpendiculaire au plan de rotation.

partie plane vienne s'appuyer sur le sommet de la
tige. La tête de la baguette a une cavité de forme
semblable à la partie conique de la balle, le soldat
donne deux ou trois coups secs sur la balle qui,
s'appuyant sur la tige, diminue de longueur et
augmente de diamètre en entrant avec le papier qui
l'entoure dans les rayures.

La pointe de la balle est maintenue dans l'axe du
canon par la tête de la baguette, qui, ayant à peu
près le même diamètre que l'âme, ne permet pas de
variation sensible dans sa position.

Dans le tir, la balle est forcée de suivre les rayures
du canon, que le papier qui l'entoure empêche de
se remplir de plomb (1).

287. Mais le fusil à tige, ayant été trouvé difficile
à nettoyer, sa chambre extrêmement sujette à se
remplir, la tige à se briser, et d'autres objections se
présentant en outre, M. Minié, qui s'était déjà distingué comme un zélé et habile avocat, plaidant en
faveur de l'adoption, dans le service, de la carabine
perfectionnée, proposa de supprimer la tige et d'y
substituer une capsule en fer *b*, fig. 35, placée à
l'extrémité vide d'un cône creux *a*, pratiqué dans
la balle. La capsule, étant poussée en avant par l'explosion de la charge, force la partie cylindrique

_____

(1) L'auteur doit cette description et la planche à M. Lowel, ins-
pecteur des armes portatives, officier public de mérite.

creuse de la balle à s'étendre et à entrer dans la
rayure, en sorte que le projectile se force au moment
de la décharge (1). Une bande de papier à cartouche
est roulée deux fois autour de la partie cylindrique
de la balle qui n'est forcée que par le tir, pour la
maintenir assez fortement dans le canon, pour
qu'elle ne puisse se déranger dans la marche, ou
lorsque le fusil est manié avant de faire feu.

La méthode de M. Minié est encore en expérience
en France, et aucun rapport n'a été publié.

Les chasseurs d'Orléans sont encore armés de la
carabine à tige, et ils emploient la balle cylindro-
conique à cannelures.

La carabine française, dont on s'est servi dans les
expériences faites à Woolwich en 1850, est construite
d'après la méthode de M. Minié. Il est à croire cependant qu'on n'avait reçu en Angleterre, à cette
époque, aucun modèle exact de la carabine française
et prussienne.

Dans les expériences de 1850, on a trouvé que la
partie creuse de la balle Minié, cylindro-conique,
était souvent entièrement séparée de la partie conique, à cause de la force avec laquelle la capsule
était lancée dans la partie creuse de la balle, et
restait quelquefois tellement fixée au canon qu'on

---

(1) C'est ce moyen, si bien décrit dans un article sur le tir de
la carabine à Ceylan, qui a paru dans le *Times* du 29 mars 1851,
et que le lecteur reconnaîtra pour la méthode Minié.

ne pouvait l'en arracher ; mais, dans les expériences
qui ont lieu actuellement avec une carabine Minié
qu'on s'est procurée récemment, aucun accident de
ce genre ne s'est encore manifesté.

288. En comparant les effets du fusil rayé avec
balle cylindro-conique et ceux du fusil ordinaire avec
balle sphérique, M. Delvigne fait remarquer que le
fusil réglementaire (en service en France) dont la
balle pèse 1,027 once (avoir du poids), et est chargé
avec 0,3 d'une once de poudre, a, dans le tir, un
recul considérable, et donne peu de chance d'atteindre un homme à 150 yards, à 300 yards produit
à peine quelque effet sur une ligne de troupe, et à
400 yards la déviation de la balle devient très-grande.
Il est constaté, d'autre part, que la carabine à tige,
lançant une balle cylindro-conique du poids 1 2/3
once, avec une charge de 1/7 once de poudre, n'a
qu'un recul modéré, et, à 800 yards, a autant d'effet
que le fusil ordinaire à 300 ; à la distance de 1,100
yards une balle cylindro-conique a traversé trois planches de sapin d'un pouce d'épaisseur. Le fusil ordinaire a mis 44 balles sur 100 dans un but de 2 yards
de haut sur 2 de large, ce qui représente un groupe
de deux ou trois hommes ; avec le fusil rayé, sur 100
coups tous ont atteint le but. A la distance de 600
yards, le fusil ordinaire n'a pu toucher la cible une
fois en cent coups ; un canon de campagne l'a tou-
chée six fois, le fusil rayé vingt-cinq fois. A 1,000
yards, les déviations du canon de campagne ont été

de 6 à 8 yards ; cependant le fusil rayé a touché le
blanc six fois sur cent ; et même, à cette énorme
distance, on s'est assuré qu'un bon tireur frappe un
petit objet trois fois en quatre coups.

289. Le principe de placer et d'enflammer la
charge contre la face du projectile, au moyen d'une
aiguille, fut l'objet d'un brevet qu'obtint, en Angleterre, Abraham Mosar, le 15 décembre 1831 ; son
fusil fut soumis à la commission d'artillerie pour être
essayé en 1834, mais la méthode de chargement
par la bouche était très-compliquée, et l'inventeur
n'ayant pas de moyens pécuniaires suffisants pour
perfectionner et suivre son invention, on ne fit point
d'essai. Tandis qu'on faisait en France des efforts
pour augmenter la puissance et la justesse des
armes portatives chargées par la bouche, ce que
nous avons déjà décrit ; M. Dreyse de Sommerda, en
Thuringe, essaya s'il ne serait pas possible de se
débarrasser de l'inconvénient d'enfoncer la balle
et de l'aplatir en chargeant le canon par la culasse,
c'était un moyen anciennement employé (voir article 224, p. 246), et il présenta pour cet objet un
plan qui fut adopté avec une grande extension dans
l'armée prussienne.

290. Le fusil rayé prussien, pour tirer avec des
balles cylindro-coniques, est appelé *Zundundelge-
wehr*, parce que l'inflammation de la charge est
produite par une aiguille qui traverse la cartouche
pour aller frapper la poudre fulminante contenue

dans un sabot en bois, comme on le voit sur la figure, page 357. Nous donnons ici une description de ce fusil qui est chargé par la culasse.

Le canon AA, qui a 34 pouces de long, a quatre rayures, il est muni d'une hausse ou visière adaptée à la distance de 600 mètres; il est vissé à l'extrémité d'un fort conducteur ou canal ouvert BB. La chambre, proprement dite, est vers la partie inférieure du canon, elle est légèrement conique, de sorte que quand la cartouche y est placée, l'épaule CD de la balle touche les parties proéminentes, entre les rayures, le corps de la balle étant d'un diamètre suffisant pour remplir entièrement ces rayures. Entre les côtés du canal conducteur est un tube de fer EE, auquel est attachée une forte poignée F, et qui a en avant un espace GG d'environ 1 1/2 pouce de longueur. Au milieu de cet espace est une tige H, qui, au lieu d'être pleine, comme celle du fusil à tige, est percée dans toute sa longueur, et l'aiguille N passe à travers pour enflammer la charge. La tige d'acier est vissée derrière, dans une portion pleine JJ laissée dans le tube EE. C'est sur cette partie pleine du tube que réagit la charge (comme sur la culasse du fusil ordinaire . Derrière la plaque JJ est un second tube de fer qui ne peut être vu dans le dessin; il porte deux gâchettes à ressort dirigeant dans son intérieur un plus petit tube KK, fig. 37, qui a deux anneaux proéminents LL (fig. 36 et 37) dans la moitié de sa longueur, et un ressort en spi-

rale MM s'enroulant sur l'autre moitié. C'est à travers le tube KK que porte l'aiguille NNNN, qui est
un fil d'acier d'environ 0_p, 03 de diamètre, terminé
brusquement en pointe vers l'extrémité qui doit enflammer la charge; à l'autre extrémité elle est vissée
dans un tube de cuivre O, qui est elle-même vissée
dans la partie inférieure du tube qui porte le ressort
en spirale. La détente, qui a une forme particulière,
et a une cheville qui s'abat en tirant, ne peut être
montrée d'une manière intelligible sur la figure. Il
y a une bride de ressort qui, abattue, permet de retirer tout le mécanisme du tube E, lorsqu'il doit
être démonté, pour qu'en quelques minutes le soldat le nettoie et le remette en place. Il n'y a ni chevilles, ni vis autre que celle qui attache l'aiguille au
tube intérieur.

La balle pour le fusil à *amorce-aiguille* est de la
forme dessinée et ponctuée dans la partie supérieure
de la figure 38, et pèse 437 1/2 grains, ou exactement
une once (avoir du poids); son diamètre, à l'épaule,
est de $0''$, 633, au-dessous de la balle est le sabot
d'égal diamètre, il est en bois, couvert de papier
gris bien serré autour, il a un creux à la partie supérieure pour recevoir la partie inférieure de la
balle; en dessous est une petite capsule P, fig. 36,
pour contenir la composition fulminante qui est
comprimée par un moyen mécanique. La cartouche
est en papier un peu plus épais que celui que nous
employons dans le service, un petit carré est d'abord

pressé avec la main contre l'extrémité d'un mandrin
en bois, c'est le fond ou culot, une pièce oblongue
est enduite de colle au bord d'un des côtés et à
l'extrémité, et roulée une fois autour du mandrin,
l'extrémité enduite de colle étant roulée et appliquée
autour du culot; lorsqu'elle est sèche, on y met la
poudre (62 grains ou environ 2 1/4 drams), après
quoi le sabot, avec sa composition fulminante, est
placé sur la poudre et la balle par-dessus. Le papier
est attaché au-dessus de la pointe de la balle, et
l'extrémité est coupée lisse. Cette partie de la cartouche, jusqu'à l'épaule CD de la balle, est trempée
dans du suif fondu.

A la partie inférieure du canon est le tube conducteur à travers lequel passe l'aiguille; ce tube peut
être porté en arrière ou en avant près de la culasse,
au moyen d'un tenon ou poignée qui lui est fixée
et qui passe à travers une ouverture pareille à l'entaille de la douille d'une baïonnette. Lorsqu'il est
poussé en arrière, autant que le permet cette entaille, il y a une ouverture entre son extrémité et
celle du canon par laquelle on introduit la charge.
Le tube est alors poussé en avant jusqu'à ce que
son extrémité, qui a la forme d'un tronc de cône,
vienne s'adapter au canon, qui a en creux une forme
semblable pour la recevoir. La cheville ou poignée
étant alors tournée dans l'entaille, le tube est comme
auparavant serré parfaitement contre le canon, et
dans cet état, l'aiguille, dans le tube, est liée à la

détente de la batterie et le fusil prêt à être tiré.

1° Dans le tir, le soldat soulève d'abord la poignée
et la porte à gauche dans l'entaille du conducteur, et il ouvre la chambre ; 2° il porte l'aiguille
en arrière par le moyen d'une gâchette qui est sur
le second tube ; 3° il place la cartouche, avec la
pointe en avant, dans la chambre du canon ; 4° il
applique le tube conducteur contre l'extrémité du
canon entaillée, où il est parfaitement maintenu et
sans fuite d'air, en poussant la poignée à droite contre la face légèrement inclinée du bord droit du conducteur de fer ; 5° il pousse l'aiguille à travers la
poudre de la cartouche, où elle est maintenue, prête
à toucher l'amorce par la seconde gâchette du ressort du second tube, et en même temps il arme le
fusil ; 6° il tire en poussant la détente, dont la cheville est abaissée, et lâche le ressort en spirale, qui
est ainsi poussé avec une grande vitesse, dans la composition fulminante placée à l'extrémité du sabot.

291. Il y a peu d'années, M. Lancaster établit un
fusil rayé pour lancer des balles cylindro-coniques
pesant 710 grains (Troy) ; la longueur est de 2 ^{pi}, 8$^{\text{p.}}$
et la charge 2 1|2 drams. Les rayures sont droites jus-
qu'à 18 pouces, ensuite elles prennent la forme d'hélice, faisant un quart de tour pour le reste de la longueur du canon. Il est présumable qu'ainsi on obtient le mouvement de rotation le plus puissant avec
le moindre recul. Le papier de la cartouche est lié au
projectile qui a trois rayures parallèles à l'extrémité

inférieure et qui s'introduit facilement dans l'âme.
La balle repose dans la culasse sur une tige d'acier
autour de laquelle est la charge de poudre. Par un
coup sec de la baguette, la partie inférieure de la
balle s'étend, remplit entièrement l'âme et pénètre
dans les rayures comme dans la carabine à tige française (art. 286). Tel est le fusil rayé de Lancaster,
employé dans les expériences de 1850 (voir art.
304).

M. Lancaster a imaginé, pour l'usage des chasseurs, une balle conoïde capable de pénétrer un corps
résistant ou de briser un os, au moyen d'une pointe
de fer attachée à une tige circulaire dont la base s'é-
largit et qui, placée dans le moule avant qu'on n'y
verse le plomb fondu, est attachée au projectile d'une
manière intime.

Les carabines, envoyées au cap de Bonne-Espé-
rance pour les faire essayer par la brigade de cara-
biniers contre les Cafres, ont été construites par
M. Lancaster aîné. Elles ont deux rayures, pas de
tige à la culasse, qui est comme les culasses ordinaires ; elle lance une balle conoïde de 710 grains à
la charge de 2 3|8 drams de poudre R A. Le lieute-
nant-colonel Buller a fait un rapport favorable sur
cette arme, que ce corps possède encore.

292. Dans quelques expériences faites à Woolwich,
sous la direction de la commission des armes portatives, pour comparer la carabine étrangère à la carabine et au fusil réglementaire anglais (voir art.

304), on a trouvé que dans l'opération d'ouvrir et fermer la culasse, en la retirant pour charger et la remettant en place après le chargement, la cheville (qui agit comme le tenon qui sert à fixer la baïonnette) exigeait un grand effort de la main, particulièrement lorsque le canon était échauffé et encrassé. En outre l'auteur, en suivant les expériences faites à Wolwich en 1850, a été frappé d'un échappement de gaz qui présente une objection importante. Ce défaut s'accrut tellement, par un feu continu, même avec une arme neuve, que le vent indiquant une fuite de gaz, devint très-sensible, et à la fin frappa le visage de l'homme qui tirait et de son voisin de gauche. Il est évident que cette fuite de gaz se serait considérablement accrue dans un feu prolongé à cause du frottement tant sur le tenon que sur le canon. Le gaz s'échappe principalement du côté gauche de la culasse, ce qui indique un contact imparfait entre la chambre et le canon de ce côté, provenant du manque de direction centrale ou directe du tube qui porte la charge lorsqu'on le rapproche de la chambre pour fermer la culasse avant de faire feu. Ce défaut ne fait que s'accroître en continuant le feu. On peut y remédier en donnant à la partie inférieure du canon la forme d'un tronc de cône en creux, et à la partie supérieure du tube qui porte la charge une forme correspondante, en sorte qu'en le joignant au canon, le contact des surfaces coniques soit suffisant pour prévenir la fuite de gaz.

Par ce moyen, quand même les surfaces seraient en partie usées par le frottement, il serait possible, en serrant davantage le tube contre le canon, de conserver un contact suffisant.

293. Le procédé de tremper la cartouche dans du suif fondu ne réussit pas ; la graisse détruit le papier et le déchire. L'avantage de placer la composition fulminante par-dessus la poudre est supposé être qu'on assure ainsi l'inflammation de toute la charge. Ce mode de produire la détonation en plaçant la poudre fulminante dans le corps de la cartouche, donne lieu à bien des objections. Si la capsule placée sur la cheminée d'un fusil ordinaire reste, on peut immédiatement la remplacer ; si l'inflammation manque avec la cartouche prussienne, il faut la retirer entièrement, et on ne peut tirer que lorsqu'on la remplace.

294. On a dit que beaucoup de carabines à aiguille à amorce, prises par les Danois dans les derniers engagements, avaient été trouvées défectueuses ; mais l'auteur sait de bonne source, ayant reçu ses informations d'un officier danois distingué, qu'aucune arme de ce modèle n'avait été prise par les Danois ; celles qu'ils avaient prises étaient des fusils ou des carabines ordinaires chargées par la bouche ; mais elles tiraient des balles coniques avec un effet remarquable (1).

_____

(1) Dans le rapport officiel des Danois, sur la bataille d'Idstedt,

Il suffit de jeter un coup d'œil sur la figure, p. 337, pour être convaincu que, quel que soit son mérite sous d'autres rapports, le fusil à aiguille à amorce est une arme trop compliquée et trop délicate pour être employée dans le service général. Si pourtant il était possible de simplifier sa construction et d'empêcher d'une manière efficace la fuite du gaz, il pourrait être utile entre les mains d'un petit nombre d'hommes très-habiles.

295. On a beaucoup parlé de la portée extraor-

---

25 juillet 1850, il est constaté que les tirailleurs ennemis, couverts par une haie, tiraient des balles pointues (spilzkugeln) à la distance de 100 et 150 yards. Ce fut en vain que deux canons lancèrent, à petite portée, des grenades contre les tirailleurs; en vain qu'un corps de cavalerie fit trois attaques sérieuses ; en vain qu'on s'efforçait de faire sortir l'infanterie d'Oberstolk, qui était enflammé, quand elle avait à souffrir d'un feu terrible par les croisées des maisons et dans les rues. En moins d'une heure nous essuyâmes une grande perte. Le brave général Schleppegrell tomba mortellement blessé dans une de ces attaques ; son chef d'état-major, le lieutenant-colonel Bullow, fut gravement blessé. Le commandant de batterie, capitaine Baeggesen, fut fait prisonnier, et deux de ses pièces furent prises par l'ennemi. Plusieurs autres officiers furent aussi tués : entre autres le lieutenant Cartesten, en s'efforçant d'aller au secours du capitaine Baeggesen, avec environ 70 sous-officiers et soldats ; au moins 90 chevaux furent tués ou pris. — (On ne dit pas dans le rapport comment les balles pointues étaient forcées et quelle était leur forme exacte. Mais l'auteur a su , par l'autorité de Copenhague , 3 mai 1851 , que les balles étaient cylindro-coniques et tirées avec des carabines rayées à tige.)

dinaire de ces carabines ; on a aussi affirmé qu'elles
l'emporteraient sur l'artillerie sur les champs de bataille et qu'elles deviendraient l'arme la plus puissante à la guerre. On a constaté qu'avec ces carabines un bon tireur est presque sûr de son coup à 800
yards, que leur feu aurait un grand effet à 1,000
yards contre un corps de troupe, tandis que la portée
qui a de l'effet pour le fusil ordinaire est moindre
que 300 yards ; qu'ainsi un ennemi armé de fusils
ordinaires devra s'avancer jusqu'à moins de 300
yards sous le feu efficace des troupes armées de la
carabine prussienne, avant d'être à la distance à laquelle ses armes peuvent avoir de l'effet ; et que la
portée des grappes et de la mitraille n'étant que
de 400 yards, les artilleurs servant les canons et les
chevaux peuvent être atteints à 1,000 yards, tandis
qu'il leur est presque impossible de faire quelque
mal à un ennemi agissant en tirailleur et employant ces fusils (1). On dit qu'à l'attaque de Rome
en 1849, où les Français employèrent beaucoup les
carabines, un chasseur frappa successivement sept
canonniers servant une des pièces italiennes. On
n'indique pas la distance.

L'auteur peut citer un exemple qui est, à sa connaissance personnelle, analogue au précédent. Dans
un combat opiniâtre devant Flessingue, en 1809, on

---

(1) *Constitution militaire de la France*, p. 42.

TRAITÉ D'ARTILLERIE NAVALE. — 3ᵉ PARTIE. 11

a vu un carabinier anglais abattre douze ennemis en douze coups consécutifs; il fut ensuite lui-même tué par un jeune soldat de notre infanterie légère qui le prit pour un ennemi.

296. Mais si nous admettons complétement la grande importance des carabines comme arme spéciale, qu'il nous soit permis de douter de l'opinion avancée dans la première partie de l'article précédent. La mitraille sphérique (*shrapnels*) sera indubitablement un puissant adversaire de l'infanterie agissant en pelotons et en tirailleurs, disséminée sur le champ de bataille, ainsi qu'on propose d'employer l'infanterie armée de fusils rayés à longue portée. Une des premières fois que l'auteur put observer l'effet des shrapnels, ils étaient lancés par une pièce légère de 6 contre un canon que les Français avaient placé à Elvina, en 1809, à 1,400 yards, pour soutenir leurs tirailleurs, vivement combattus par nos postes avancés. Le premier obus abattit la moitié des servants (1). L'artillerie de campagne, et particuliè-

---

(1) Si, comme nous l'avons dit, les combattants s'écartent les uns des autres, et si les troupes sont plus clairsemées, on a moins besoin de lancer un mobile qui ait une grande force que d'en lancer un grand nombre avec une force moindre. C'est pour cela que nous pensons que les shrapnels (spherical case shot) acquièrent, dans l'état actuel des choses, un intérêt particulier, et que l'artillerie est naturellement amenée à tourner ses études de ce côté. — FAVÉ, *Des nouvelles carabines*, p. 47.

rement les pièces de 9 et de 12, placées au delà de
la portée des coups, même perdus, de ces carabines,
peuvent faire pleuvoir sur les pelotons de tirailleurs
des balles de fusil qui, après avoir parcouru dans
l'intérieur de l'obus une distance de 800 à 900 yards,
et étant dispersées par l'éclatement du projectile (Voir
les principes expliqués, sect. IV, part. IV), produiront
un effet aussi destructeur qu'un canon chargé avec
de la mitraille ordinaire à la distance de 300 ou 400
yards; et une amélioration importante, dans les fusées pour courte portée, bien appropriée pour le tir
des shrapnels, a été récemment proposée par un officier d'artillerie de beaucoup de talent, et qui donne
de grandes espérances.

297. A la fois exposés au puissant effet des shrapnels, en même temps que menacés par les charges de
cavalerie, les détachements d'infanterie agissant en
tirailleurs, ou seront forcés de se rallier en masse, ou
de se replier sur les corps qui les soutiennent, en
colonnes ou en ligne, quand la mitraille exercera sa
puissance habituelle, et la bataille deviendra générale à la manière ordinaire. Les trois grandes armes
combinées, l'artillerie, la cavalerie et l'infanterie,
agiront suivant leurs facultés distinctives, et le général qui, d'après le plan proposé, aura entrepris
avec de l'infanterie armée de carabines de chasser
l'artillerie du champ de bataille, et de l'emporter sur
sur la cavalerie et l'infanterie par une escarmouche
générale, ne fera que tomber dans l'erreur sérieuse

d'engager une action générale dans des circonstances qui lui seront très-désavantageuses, puisqu'un chef d'armée forcé de combattre autrement qu'il l'avait prévu, et contrairement à ce qu'il avait préparé, est toujours, comme on l'a fort bien dit, à moitié battu. Son adversaire, poursuivant avec toutes ses armes les avantages que lui auront donnés des mouvements bien combinés, l'armée qui se ralliera sous les coups perdus des nouvelles carabines sera enfoncée, mise en désordre, et même chassée du champ de bataille.

298. Maintenant, quelle que soit l'étendue des portées qu'on dit obtenir, sans ricochet, avec la carabine française et prussienne, est-il besoin de répéter que l'incertitude du tir augmente avec l'élévation des angles, c'est-à-dire la longueur des portées. Et en admettant que les trajectoires de ces projectiles soient plus fixes que celles des autres, cependant la chance d'atteindre les objets diminue à mesure que les branches de la trajectoire s'approchent de la verticale. En artillerie, le principal, c'est que le trajet du projectile se rapproche, autant que possible, de l'horizontale. La balle employée avec le fusil français étant plus lourde que celle dont on se servait précédemment, a nécessairement un angle de chute plus grand, surtout pour les longues portées, et M. Favé a très-bien fait remarquer que le projectile ne peut rencontrer un objet de dimension déterminée, comme un homme, que dans une très-petite portion de son

trajet (1). Cette circonstance est très-désavantageuse
à la guerre, qui exige qu'il frappe le plus d'objets
possible, ce qui ne peut avoir lieu que lorsque la trajectoire se rapproche de l'horizontale. Dans le compte
rendu du tir de la carabine prussienne, on dit qu'elle
a atteint la portée extraordinaire de 1,000 mètres,
mais on ne parle pas de l'angle de tir; il est à présumer qu'il est considérable. Il en résulte, par conséquent, un tir très-hasardeux.

299. En supposant que le poids du projectile cylindro-conique soit de $1,25^{on}$ et la charge 1⁄3 de ce
poids, si nous modifions aussi le coefficient de la vitesse dans l'expression de la résistance de l'air (art.
60), à cause de la forme de la balle, on trouvera que,
pour obtenir une portée de 1,000 yards, l'angle de
tir doit être de 8°. La trajectoire, dans ce cas (voir la
note de l'art. 265 ; fig. 19, pl. XI), à sa plus grande
élévation, a environ 600 yards, et là elle est à peu
près de 150 pieds au-dessus du plan horizontal, passant par l'axe du canon, l'angle de chute est de 19°;

---

(1) Il résulte de là un fait important pour la pratique ; car la
balle tombant à terre sous un angle plus grand, ne peut rencontrer un but d'une hauteur déterminée, un homme par exemple,
que dans une moindre étendue de son parcours. Ainsi, à une
grande distance, beaucoup plus difficile à apprécier qu'une petite,
la même erreur d'appréciation aura une influence beaucoup plus
nuisible dans la pratique de la guerre. — FAVÉ, *Des nouvelles carabines*, p. 35.

en sorte que sous cet angle la balle passera au-dessus
de la tête d'un homme placé seulement à 8 yards en
avant de l'extrémité de la portée. Une déviation lon-
gitudinale, qui ne dépasse pas 8 yards à la distance de
1,000 yards, suppose un degré de précision qu'il n'est
pas supposable qu'on puisse jamais atteindre. Ceci
montre combien il y a peu de probabilité pour qu'un
homme ou un rang soit atteint sur le champ de bataille par un tel feu ; et en supposant qu'il puisse y
avoir quelque ricochet avec un angle de 19°, le bond,
à cause de la forme attribuée au projectile, au lieu
de suivre la direction de la trajectoire primitive,
aura, par suite de sa forme (art. 185), de grandes et
irrégulières déviations.

300. Sur une surface plane, la balle sphérique,
soit du fusil, soit de la carabine, a une justesse remarquable dans le ricochet, qui conserve une direction aussi directe, comme l'auteur en a souvent été
témoin, que si elle avait été tracée avec une règle,
et une grande partie des hommes frappés dans le
combat le sont par des balles qui ont ricoché. C'est
pour cela qu'on recommande la précaution bien connue de viser bas ; mais, pour des portées comme
celles dont nous avons parlé plus haut, c'est la précaution inverse qu'il faut recommander. Il a été remarqué avec beaucoup de justesse, par M. Favé,
que le ricochet tient une place importante dans les
actions générales, surtout dans un pays plat, puisqu'il sert à remédier aux erreurs qu'on peut com-

mettre dans l'appréciation des distances; mais on
n'obtiendra presque pas d'effet, contre des troupes
en ligne, d'une balle quelconque tirée sous des angles élevés, et d'une balle cylindro-conique, même
sous de petits angles, à cause de l'angle de chute pour
les premières, et, pour les autres, soit parce qu'elles
ne ricochent pas, soit parce que leur ricochet présentera des déviations et des irrégularités, tenant à
leur forme ou à leur mouvement de rotation, lorsqu'elles touchent à terre.

La trajectoire, pour un fusil ordinaire ou pour une
carabine, en deçà d'une portée de 300 yards, n'a pas
plus de 17 ou 18 pieds à son point le plus élevé; elle
se rapproche par conséquent assez de l'horizontale
pour avoir de l'action sur la plus grande partie du
terrain plat qu'elle parcourt, et, si le pointage est
bon, on peut à peine manquer de toucher quelques-
uns des groupes ou des individus qui agissent sur ce
terrain.

La hausse ou visière, dans les carabines étrangères, peut bien servir à tirer sur un but, à des distances mesurées sur le champ de tir; mais la difficulté d'apprécier les distances à la guerre les rend à
peu près inutiles, même avec ces armes, pour de
grandes portées ou des portées extrêmes, pour lesquelles la chance d'atteindre le but dépend à la fois
de la connaissance des distances et de la détermina-
tion des angles correspondants. M. Tamisier paraît
avoir reconnu tellement cette difficulté, qu'il pro-

pose un instrument pour mesurer les distances
comme un accompagnement nécessaire des fusils
rayés.

301. Un sérieux désavantage que présentent les
balles cylindro-coniques, c'est l'excès de leur poids
sur la balle ordinaire, qui oblige le soldat déjà sur-
chargé à porter un plus grand poids de munitions
pour le même nombre de coups, ou bien, on diminue le nombre de cou,s ; l'un ou l'autre de ces
inconvénients sera très-préjudiciable (1).

Le nouveau fusil peut être chargé si promptement
qu'en quelques minutes le soldat épuiserait ses munitions, ce que le soldat est porté à faire le plus vite
qu'il peut, et si on ne prend pas des mesures
extraordinaires pour remplacer les cartouches,
promptement usées, les hommes armés de carabines
se trouveront, dans un combat prolongé pendant
quelque temps, ni en état d'attaquer l'ennemi, ni en
état de se défendre eux-mêmes.

302. C'est sans contredit, sous quelques rapports,
un important avantage des carabines prussiennes de

---

(1) Pour parer cette objection, on a dit qu'on pourrait, en introduisant la balle cylindro-conique dans le service britannique, ne
lui donner que le poids de la balle réglementaire ; mais s'il en est
ainsi, on altère le principe, qui donne à cette espèce de balle sa
supériorité en portée, précision et pénétration (art. 178); le calibre devrait être réduit, et, dans ce cas, la balle cylindro-conique
ne présenterait plus aucun avantage.

pouvoir se charger plus promptement que les fusils ou les carabines ordinaires ; mais ici encore, nous pensons comme M. Favé (p. 40), que les combats à la carabine sont généralement décidés, non par la rapidité du feu, mais parce que le soldat prend le temps de se servir le plus efficacement possible de son arme. Quoique nous ayons constaté précédemment que les armées françaises, pendant tout le temps de la dernière guerre générale, aient suspendu l'usage des carabines, cependant l'infanterie française, armée du fusil ordinaire, était très-bien exercée à combattre en tirailleurs, et montra une grande aptitude pour ce genre de service, pour lequel de vraies milices ou des troupes nouvellement levées ont, dans bien des circonstances, rendu autant de services que de vieilles troupes. Les mouvements des masses françaises étaient toujours précédés, soutenus et flanqués par des détachements de tirailleurs, et, dans ces opérations, le fusil ordinaire, employé avec habileté et jugement, a été trouvé très-efficace. A présent, l'infanterie de ligne et l'infanterie légère en France ne diffèrent que par quelques parties de leur uniforme. Elles ont la même arme, sont exercées de la même manière; cependant les régiments d'infanterie légère sont plus particulièrement employés au service des avant-postes.

Les compagnies de voltigeurs d'infanterie sont armées d'un fusil plus court de 0^m,054 (2 pouces) que

celui des autres compagnies. Les seules troupes qui
ont des fusils à tige sont les dix bataillons des chasseurs d'Orléans. Nous ferons remarquer aussi que
les écrivains français, en discutant le mérite comparatif du fusil ou de la carabine, font ressortir, tant
qu'ils peuvent, les feux roulants bien dirigés et bien
soutenus de l'infanterie de ligne anglaise qui,
comme M. Favé le constate (p. 44); nous a donné
la victoire dans les batailles. Nous devons, par conséquent, nous montrer très-prudents pour ne pas
compromettre cette efficacité reconnue par une adoption trop générale ou trop étendue, des nouvelles
armes, dont, en vue de la théorie, on n'a essayé les
effets que dans des circonstances qui ne se présentent pas à la guerre.

303. Il a été dit par un auteur français (Favé, *Des
nouvelles carabines, etc.*, p. 45) que l'augmentation
de portée des armes portatives tend à diminuer l'influence et affaiblir l'action de la cavalerie ; et cet auteur ramène une question souvent controversée, savoir : s'il ne serait pas possible d'exercer la cavalerie
à combattre à pied, au moins en tirailleurs, et dans
ce cas de l'armer avec les nouveaux fusils; on propose,
en définitive, de rétablir le système, dès longtemps
abandonné, des riflemen montés. Cela peut se
faire dans des circonstances particulières, comme
en Algérie et dans la guerre des Cafres. Mais cette
proposition, pour une guerre régulière, est fondée
sur le principe erroné de mettre la cavalerie, qui

n'est pas une arme défensive, dans une position défensive. La science de la guerre actuelle regarde les trois armes de l'infanterie, la cavalerie et l'artillerie, comme trois éléments distincts et ne permet qu'aucune d'elles s'écarte de sa destination. L'organisation actuelle des armées ne peut donc être altérée d'une manière qui offre de la sécurité, quel que soit d'ailleurs le bénéfice qu'on espère d'une augmentation des carabines dans l'infanterie.

304. L'objet particulier des expériences faites à Woolwich en 1850 était de déterminer : 1° si la carabine à tige (de Lancaster) ou le fusil à aiguille-amorce portent leur balle avec plus de justesse ou à de plus grandes distances que la carabine anglaise, dans les mêmes circonstances et sous les mêmes angles. Et s'il en est ainsi, 2° si cela est dû à la forme allongée de la balle, à l'espace derrière la cartouche ou à l'inflammation de la poudre en avant. Ces circonstances étant éprouvées séparément et toutes ensemble ; 3° quelle amélioration dans la justesse du tir et la portée on obtient en armant les masses de troupes de canons rayés au lieu de canons unis ; 4° quel est, comparativement, le temps employé à tirer un nombre de coups donné, avec :

Le fusil anglais d'infanterie ;

La carabine anglaise d'infanterie ;

La carabine à tige (de Lancaster, art. 291) ;

Le fusil à aiguille-amorce ;

en mettant en évidence le résultat de ce tir comparatif; 5° si la carabine à tige, se chargeant par la bouche, peut être employée en Angleterre avec quelque avantage sur la carabine actuelle ou en place du fusil d'infanterie ; 6° si le système de fusil à aiguille-amorce, se chargeant par la culasse, considéré sous tous les points de vue, mais particulièrement sous celui de sa cartouche, peut être adopté dans le service anglais, et pour quel corps ; s'il peut spécialement être employé fructueusement et avec sécurité par la cavalerie.

305. L'auteur, par son observation personnelle de ces importantes expériences, jusqu'au point où elles ont été portées jusqu'à ce jour, est mis en état de constater les résultats généraux suivants :

Relativement au temps employé pour charger et pour tirer, le fusil à amorce-aiguille prussien présente le plus de promptitude ; vient ensuite le fusil réglementaire anglais, puis la carabine à tige de Lancaster, et la carabine réglementaire anglaise est la dernière dans l'ordre qui vient d'être assigné, et dans les proportions suivantes : 4, 7, 9, 10.

Les coups qui ont atteint, sur 60 tirés, un but de 6 pieds carrés, à la distance de 150 yards, sont respectivement dans l'ordre dans lequel les armes ont été citées : 40, 29, 50 et 30 ; et enfin le nombre approximatif par 100 de coups atteignant le but de cette distance à 600 yards, sont dans le même ordre : 33, 25, 35 et 37.

306. Quant aux déviations latérales de la balle de

la carabine prussienne, on peut constater que, conformément à la loi générale, elles ont lieu dans le
sens de la rotation du projectile autour de son axe.
L'erreur ou déviation était d'environ 14 pieds à
droite pour une portée de 600 yards, mais n'étant
pas d'une quantité constante, on ne pouvait rectifier
le tir en pointant le fusil à gauche ; et quand même
il en serait autrement, il faudrait beaucoup d'adresse,
une grande expérience de l'arme et une parfaite
connaissance des distances pour remédier aux déviations produites par la rotation.

307. Il paraît alors que dans quelques centaines
de coups, qui ont été tirés à différentes distances de
80 à 600 yards, la carabine anglaise a atteint le but
le plus grand nombre de fois, établissant ainsi sa supériorité sur le point qui, après tout, est l'objet
principal des armes rayées, non pas un tir prompt
et des portées perdues, mais une pratique réfléchie,
froide et sûre. Un auteur français admet l'efficacité
du tir de nos carabines, et constate qu'à la bataille
de Waterloo presque tous les officiers du 1er régiment d'infanterie de ligne, y compris le colonel lui-
même, furent blessés par des balles de carabine, ou,
comme le colonel les appelait, des balles d'officiers,
parce que les troupes anglaises, suivant sa supposi-
tion, visaient les officiers sans s'occuper des soldats (1).

_____

(1) Je crois ne pas me tromper en disant que si on voulait se

308. De toutes les carabines qui se chargent par la bouche, la carabine réglementaire anglaise est sans contredit la meilleure, et pour le service la balle sphérique de plomb, et, suivant quelques personnes, la balle à ceinture est la préférable. Qu'on puisse trouver quelque moyen d'employer avec ces carabines des balles allongées, qui leur donnent encore plus de précision et d'effet, c'est une question à soumettre à l'expérience et qui sera décidée par elle.

On a tant parlé des avantages que l'on retirerait du chargement par la culasse de toutes les armes portatives, s'il pouvait se faire d'une manière à l'abri de toute objection, et on a tant d'espérance d'atteindre ce but, que ce sujet réclame la plus grande considération. On y parviendra certainement, quand les expériences, qui se poursuivent chez nous avec une si grande extension, auront fourni des données

---

donner la peine de fouiller dans les cartons du ministère de la guerre, on y trouverait un rapport important de M. le colonel Lebeau, du 1ᵉʳ régiment d'infanterie de ligne. On y lirait, qu'à la bataille de Waterloo, presque tous les officiers de ce régiment, et le colonel lui-même, furent blessés par des balles de fusils rayés, par des balles que M. Lebeau appelait des balles d'officiers, car les riflemen anglais, qui tiraient sur son régiment, dédaignant le commun des soldats, avaient visé les officiers, et comme vous voyez ne les avaient pas manqués.

(*Discours de M. Arago à la Chambre des députés*, juin 1839).

suffisantes pour qu'on puisse se faire à cet égard une
opinion nette.

309. On sait très-bien que sur le continent on a
déjà fait des expériences avec des carabines se chargeant, les unes par la culasse, les autres par la
bouche, mais les rapports ne sont pas détaillés et
présentent des divergences d'opinion.

Les Français et les Belges paraissent avoir un
préjugé contre les modèles de carabines à aiguille-
amorce prussienne qu'ils se sont procurées. Ces deux
peuples préfèrent la carabine de Minié, et les Français en ont armé quatre de leurs régiments. Ils ob-
jectent, contre la carabine à tige, que l'espace autour de la tige se remplit, et que le bourrage est si
fatigant que cela nuit à l'adresse des hommes pour
le pointage. D'un autre côté, les Autrichiens, les
Bavarois et d'autres peuples de l'Allemagne, ont
adopté la carabine à tige, ils paraissent peu satisfaits
de la carabine Minié, et remarquent que quelquefois
la balle perd son mouvement de rotation, et frappe
le but en travers. La fuite de gaz, à la jonction de
la chambre et du canon, est regardée par tous
comme une grave objection contre la carabine à
aiguille-amorce. Il est constaté que l'aiguille qui
produit l'inflammation s'émousse bientôt, en sorte
qu'il devient difficile, et, au bout d'un certain
temps, impossible de la tirer en arrière avec le pouce.
Les Prussiens, cependant, paraissent bien convaincus de la supériorité de celle-ci sur toutes les autres

carabines ; on dit que leur gouvernement a fait fabri-
quer 60,000 de ces armes, et qu'au moins la moitié
autant est commandée.

Leurs fusiliers, qui sont armés avec le fusil à aiguille-amorce, ont aussi un sabre court avec une
poignée en croix, ils le plantent en terre, se couchent,
et se servent de la poignée comme d'appui pour viser
avec précision. On dit que ces fusils ressemblent,
pour la forme et la construction, à quelques-uns de
ceux qui ont été fabriqués chez nous en 1850.

310. Plusieurs fusils rayés, d'après le principe
prussien, ont été dernièrement reçus dans ce pays,
et sont maintenant en expérience. Il est possible que
dans le nombre on en trouve qui, en se chargeant
par la culasse et lançant un projectile conoïde,
soient exempts du défaut de la fuite de gaz, ou que
l'habileté de nos ouvriers ait trouvé quelque amélioration qui les rende tels.

311. Autant qu'il est permis à des spectateurs
compétents pour porter un jugement sévère, de se
prononcer, il paraît que les expériences qu'on fait
actuellement avec une grande variété de carabines
qui ont été soumises au comité, tendent à cette
conclusion que le mérite de quelques-unes a été
exagéré, et que les circonstances qui font la valeur
des armes à feu à la guerre, ont été mal comprises
par ceux qui pensent que leur mérite dépend des
énormes portées, à la première chute, obtenues par

de grands angles (1) (note p. 304, et fig. 19, pl. H);
gardons-nous donc de nous laisser entraîner par ces
procédés erronés, à préférer les nouvelles armes
étrangères aux nôtres pour le service général.

312. Quant aux carabines chargées par la bouche,
le nombre de coups, sur un but de 6 pieds carrés à
400 yards, ont été :

Avec la carabine Delvigne à tige environ 20 p. 100
Avec la carabine à tige de Lancaster   29
Avec la carabine Minié française   28
Avec la carabine Minié belge   42

Tous les modes de chargement par la culasse paraissent avoir échoué, et cette méthode sera sans
doute condamnée pour le service général, quelque
service qu'elle puisse rendre entre les mains d'un
petit nombre d'hommes habiles, et dans des circonstances spéciales.

313. La carabine belge, avec la balle de Minié, de
7,209 grains, charge 2 1/2 drams de poudre F. C., a
eu beaucoup de succès dans les dernières expériences

---

(1) La justesse du tir dépend beaucoup de la trajectoire. L'effet
des bouches à feu sur un champ de bataille dépendrait beaucoup
de la chance de toucher le but directement.

L'angle d'incidence influe beaucoup sur la chance d'atteindre.
Si cet angle est petit, le projectile pourra toucher, dans une
grande partie de son parcours, un but élevé; s'il est grand, le
contraire aura lieu. — *Nouveau système d'artillerie*, 1851, par
Favé, p. 28 et 29.

jusqu'à 500 ou 600 yards, et lorsqu'on se sera pro-
curé des modèles exacts de cette arme, et des moules
corrects pour sa balle. Il y a tout lieu de croire que
l'habileté et la bonne main-d'œuvre des Anglais en
feront une arme très-puissante, et on apprend avec
satisfaction qu'on a commandé chez nous 150 de ces
carabines pour des expériences à faire. L'âme est la
même que notre carabine réglementaire, elle est
plus longue que notre fusil ordinaire avec sa baïonnette, ce qui compensera, jusqu'à un certain point,
le poids additionnel de munitions, qui est de
1 liv. 7 onces, à cause de la forme conoïde de la balle.

La carabine Minié est chargée aussi facilement
que le fusil réglementaire anglais, et plus aisément
que notre carabine. On peut employer, avec la carabine rayée, la balle du fusil ordinaire. Cela ne devra
avoir lieu qu'en cas de manque de balles spéciales ;
avec des balles sphériques, la carabine rayée est aussi
efficace que notre fusil réglementaire. Il y a quelques
difficultés relativement à la cartouche, mais c'est
une affaire de laboratoire que l'officier capable et
intelligent qui préside ce service aura bientôt mené à
bonne fin.

314. On a fait des essais relativement à la proposition d'adapter une hausse au fusil réglementaire
pour la distance de 300 yards, et à la carabine pour
la distance de 600 yards. Pour le fusil, cela produit
peu ou point d'effet au delà de 200 yards, et pour
la carabine au delà de 400, et, d'après cela, ces

armes ne devront avoir de mire que respectivement pour ces distances.

315. La carabine à tige et la carabine à culasse à tige de Lancaster, quoique leur tir soit très-bon, ne seront sans doute pas adoptées dans le service pour les raisons que nous avons données art. 287. Pour ces mêmes raisons, la carabine à tige de Delvigne a été supprimée dans le service français.

Si les expériences actuellement en cours sont terminées avant la publication de cet ouvrage, l'auteur désire pouvoir être à même de les donner dans un appendice.

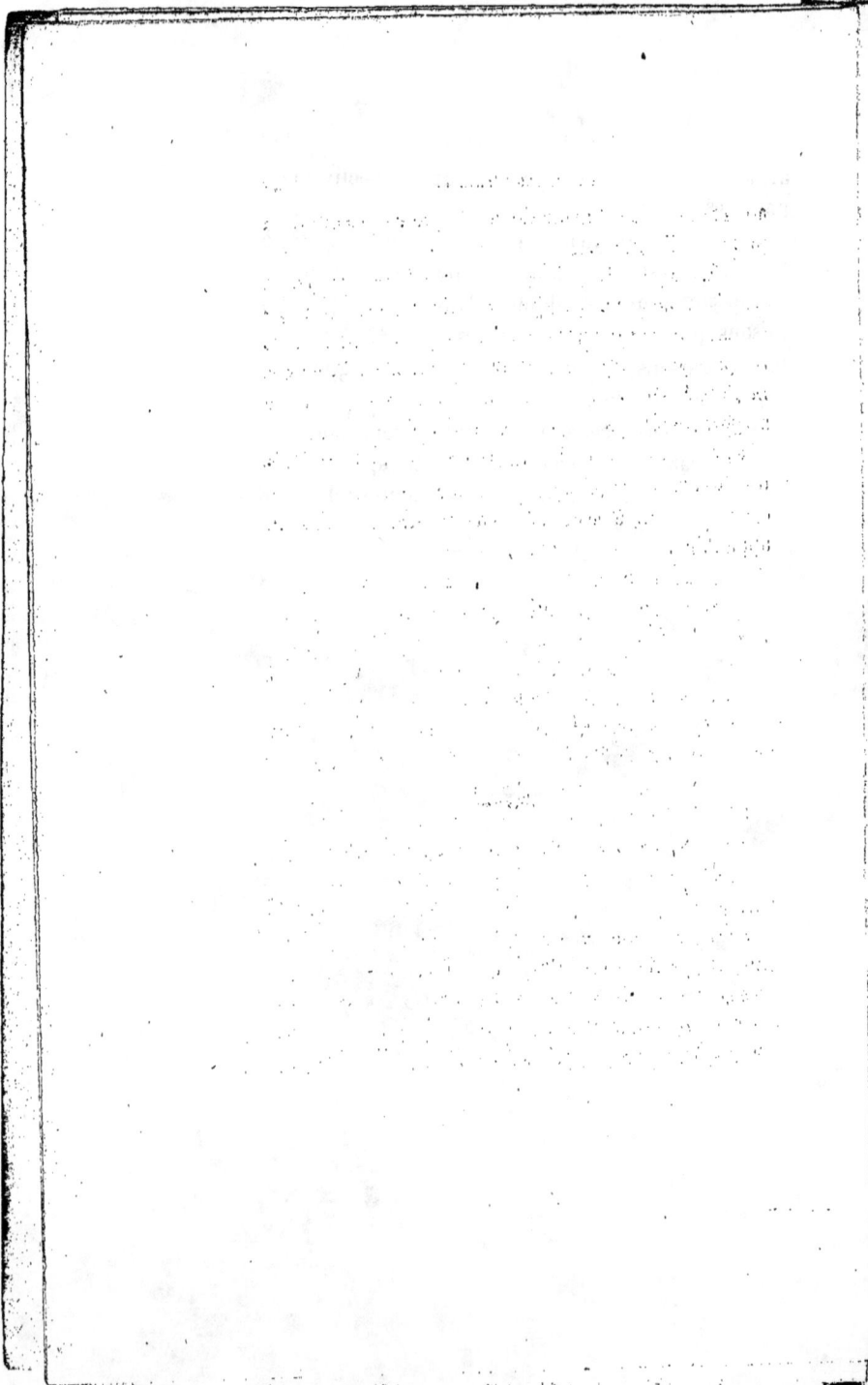

NOTES

Canons forés à un calibre supérieur.

194. Le général Douglas regarde avec raison l'allesage des canons pour les porter à un calibre supérieur, comme un expédient transitoire qui doit être abandonné, dès qu'il a été parfaitement reconnu que les calibres devaient être agrandis, pour céder sa place à des bouches à feu mieux appropriées à leur destination. Les avantages qui résultent de la diminution du vent des canons forés,

augmentent d'un autre côté les défauts de ces
pièces, c'est-à-dire le manque de solidité et les réactions violentes ; il faudrait qu'une pièce eût été bien
mal établie, pour qu'après son allesage elle pût
encore donner un bon canon.

Il n'en est plus de même si on change sa nature,
si d'un canon on fait un obusier. Le forage peut laisser assez de poids et d'épaisseur de métal pour pouvoir employer des projectiles creux d'un calibre supérieur avec des charges suffisantes pour avoir des
trajectoires, dont la courbure ne soit pas trop forte,
surtout dans les limites du tir à la guerre.

L'artillerie française ne possédait aucun canon allésé, ni dans le service de la marine, ni dans celui
de terre ; il vient d'en être introduit un dans l'artillerie de campagne.

L'adoption du canon-obusier de 12, dont l'Empereur a doté l'artillerie, a entraîné la suppression des
obusiers de 15 c. et des canons de 8 ; pour utiliser
ces dernières bouches à feu, il a été décidé qu'on les
forerait au calibre de 12, et qu'elles seraient affectées
aux batteries à cheval ; elles doivent tirer des boulets
pleins à la charge de 1 kil. 325 et des obus à la même
charge.

Ce n'est qu'une mesure transitoire ; considérées
comme canon, elles sont évidemment inférieures au
canon-obusier de 12 qui pèse environ 100 fois le
poids du boulet ; or, le poids de cette dernière pièce,
pour concilier la mobilité convenable à l'artillerie

de campagne avec les avantages qui résultent de l'agrandissement du calibre, et la faculté d'employer des obus, ont été calculés avec une précision remarquable et réduits au moindre poids nécessaire, pour n'avoir pas de réactions trop violentes, tout en employant des charges capables de donner un tir rasant pour les portées usuelles en campagne.

Les canons de 8 forés au 12 ne sont donc pas exempts des défauts reprochés aux canons allésés en général. Mais si on les considère comme obusiers, elles seront de bonnes bouches à feu, ayant un tir meilleur que celui de l'obusier de campagne de 15 c., puisque leur poids permet d'employer des charges proportionnellement plus grandes et par conséquent de tirer sous de moindres angles.

Pour le service auquel elles sont destinées, elles pourraient sans inconvénient être restreintes au tir des boulets creux, des obus et des boîtes à balles. Le boulet plein pourrait n'être employé qu'exceptionnellement et ne pas faire en général partie de leur approvisionnement.

La pièce de 8 forée au 12, pèse environ 30 fois le poids du boulet plein ; avec la charge de 1 kil. 225, la trajectoire de son boulet aura une plus grande flèche que celle de l'obus, et dans le tir de campagne, où les distances ne sont pas parfaitement appréciées, il est important d'avoir un tir rasant.

Pour le tir des shrapnells, qui doit être un des principaux avantages de cette nouvelle artillerie, cet

inconvénient n'existerait pas à cause de l'écartement
des balles.

Dans les cas où on aurait besoin de plus de masse
et de solidité que celles des obus ordinaires, ne pour-
rait-on pas employer des boulets creux, dont le poids
intermédiaire entre celui des obus et des boulets
pleins serait avec celui de la bouche à feu dans le
même rapport que le boulet de 12 avec le canon-
obusier de ce calibre ?

Quant à la solidité de la bouche à feu elle-même,
elle sera encore bien suffisante après l'agrandissement de calibre, avec les charges employées et même
avec de plus fortes charges, si la réaction sur l'affût
permettait d'en faire usage.

L'obusier de 12 de 10 cwt, adopté dans le service
anglais pour être placé à bord des vaisseaux de 4° et
5° rang et être au besoin monté sur l'affût de campagne, se rapproche, par son poids et par son calibre, du 8 français mis au calibre de 12 ; il pèse
508 kil., c'est un peu moins que le 8 allésé, mais le
diamètre de l'âme n'a que 116, millimètres 3, et son
vent assez grand est de 3 millimètres ; cependant sa
charge n'est que de 2 livres anglaises, ou 0 kil. 907,
moindre par conséquent de 0 kil. 228 que celle du
8 foré au 12. Ainsi, pour cette bouche à feu, l'effort
supporté par l'affût serait encore moindre malgré la
différence de poids du métal de la pièce ; il est d'ailleurs plus court que le canon de 8.

Il est néanmoins certain que pour le tir des boulets creux et des obus, cette dernière pièce ne fatiguera pas trop son affût, c'est ce qui résulte de sa comparaison avec les obusiers de campagne jusqu'à présent en service, puisque le 8 allésé pèse environ 90 fois le poids du boulet de 12 et 120 fois celui de l'obus, tandis que l'obusier de 15 c. ne pèse que 74 fois le poids de l'obus chargé.

Les Anglais ont un autre obusier de 12 en bronze plus léger que celui-ci ; il ne pèse que 330 kil. ; mais sa charge n'est que de 0 kil. 567.

Le tableau XVII présente les éléments de comparaison avec les bouches à feu anglaises ; pour en rendre l'usage plus facile, on l'a réduit en mesures métriques et on le donne ici.

ÉTAT

DES BOUCHES A FEU ANGLAISES

POUR LE SERVICE DE LA MARINE (5 MAI 1845).

Poids et dimensions réduits en mesures métriques.

NATURE des BOUCHES A FEU	DÉSIGNATION du CALIBRE	POIDS du (Kil.)	Longueur (Met.)	Diamètre de L'AME (Mill.)	VENT. (Mill.)	CHARGE. (Kil.)	Observations.
Canons. (Pièces en Fonte)	68 (30 k. 83)	4572	3.048	206.0	5.0	7.256	
	68	4559	2.398	206.0	5.0	7.328	
	56 (25 k. 39)	4076	3.353	193.0	4.4	7.256	
	56	4418	3.068	193.0	4.4	6.348	
	42	3692	2.896	177.0	4.0	4.764	
	42 (19 k. 0y)	4307	3.845	255.0	4.1	5.664	
	10 po. (23 c.m. 40)	4265	2.845	234.0	3.4	5.664	
	10 po. (id).	3309	2.743	204.5	3.4	4.536	
	8 po. (20 k. 32)	3037	2.992	201.5	3.4	4.536	
	8 po. (id).	2630	2.438	201.5	3.1	3.627	
	8 po. (id).	2458	2.896		4e13.9	3.532	
	32 (14 k. 50)	2945	2.896		à 1.4	et 3.527	
	32 (id).	2843	2.896	162.8	5.9	4.534	
Canons.	32 (id).	2259	2.438	162.8	5.9	3.627	
	32	2082	2.438	160.1	4.4	2.720	
	32	2080	2.286	160.1	4.4	2.720	
	32	2031	2.286	160.1	4.1	2.720	
	32	1624	1.982	160.0	3.1	2.957	
	32	1358	1.829	160.0	3.1	1.814	
	32	1358	1.829	160.0	5.0	3.627	
	32	2285	2.591	161.8	4.4	3.174	
	32	2285	2.591	160.1	4.4	2.720	
	32	2132	2.438	150.1	1.8	1.360	
	18	1117	2.133	131.2	1.8	1.360	
	18 (8 k. 16)	1016	1.829	131.2	1.8	0.907	
	18 (id).	762	1.676	131.2			
Caronades.	68 (30 k. 83)	3199	1.676	299.5	3.1	2.967	
	32	1117	1.372	173.7	3.9	1.587	
	32 (19 k. 0v)	863	1.219	158.8	1.9	1.218	
	24 (14 k. 31)	660	1.143	144.5	1.7	0.907	
	18 (8 k. 14)	598	1.016	131.0	1.5	0.680	
	12 (5 k. 44)	305	0.813	114.8	1.7	0.253	
	6 (2 k. 72)	241	0.838	91.2	1.3	0.283	
Mortiers.	13 po. (33 c.m. 02)	5129	1.366	330.2	4.1	9.068	
	10 po. (25 c.m. 40)	2641	1.456	254.0	4.1	4.307	
Pièces en Bronze — Canons.	9 (4 k. 08)	686	1.829	106.7	2.5	1.360	
	6 (2 k. 72)	305	1.524	93.2	2.5	0.680	
Obusiers.	24 (10 k. 88)	660	1.635	145.3	3.1	1.134	
	12 (5 k. 44)	508	1.397	145.3	3.1	0.907	
	12 (id).	317	1.156	145.3	3.4	0.367	

ÉTAT
DES BOUCHES A FEU ANGLAISES

POUR LE SERVICE DE TERRE (JUIN 1847).

POIDS ET DIMENSIONS RÉDUITS EN MESURES MÉTRIQUES.

	NATURE des BOUCHES A FEU.	DÉSIGNATION du CALIBRE.	POIDS. (Kil.)	Longueur de l'âme. (Mèt.)	Diamètre de L'ÂME. (mm)	VENT. (mm)	CHARGE. (Kil.)	OBSERVATIONS.
1	**Pièces en fonte :**	56 (25 k. 39)	4976	3.353	193.0	4.4	7.254	24 de 33 cent (1676 k) allaté.
2		8 po. (20 c.m. 32)	3300	2.743	204.5	5.1	4.534	
3		8 po. (id.)	2539	2.045	204.5	4.1	3.627	
4		32 (14 k. 51)	2863	2.896	262.8	3.1	4.534	
5		32 (id.)	1624	1.982	260.0	5.9	2.267	
6	Canons.	24 (10 k. 88)	2539	2.896	147.9	3.1	3.627	
7		24 (id.)	2037	2.743	147.9	5.5	3.027	
8		24 (id.)	1016	1.829	166.0	4.9	1.134	12 de 21 cent (1066 k).
9		18 (8 k. 16)	2132	2.896	130.7	3.5	2.720	id. Id. Id.
10		18 (id.)	1041	2.743	131.2	1.8	1.360	allaté.
11		12 (5 k. 44)	1727	1.829	117.4	1.8	1.814	
12		9 (id.)	1066	1.829	117.4	2.5	1.360	
13		(4 k. 08)	853	1.676	196.7	2.5	1.360	
14		6 (2 k. 72)	853	1.829	93.2	2.5	0.907	
15	**Obusiers.**	10 po. (25 c.m. 40)	2082	1.524	254.0	4.4	3.174	
16		8 po. (20 c.m. 32)	1066	1.219	203.2	2.6	1.814	
17		5½p.(13 c.m. 97)	762	1.035	142.7	0.6	1.134	
18	**Mortiers.**	13 po. (33 c.m. 02)	1928	0.933	330.2	4.4	4.081	
19		10 po. (25 c.m. 40)	838	0.800	254.0	4.1	1.814	
20		8 po. (20 c.m. 32)	449	0.641	203.2	3.6	0.907	
21	**Pièces en bronze :**	12* (6 k. 44)	916	1.982	117.4	2.5	1.814	(*) Avec le nouveau boulet, sa charge sera l'rétablissement réduite à 1 k. 3c7.
22		9 (4 k. 08)	646	1.829	106.1	2.5	1.134	
23	Canons.	6 (2 k. 72)	505	1.524	93.2	2.5	0.680	
24		3 (1 k. 36)	452	1.219	74.0	2.3	0.380	
25		3 (1 k. 36)	114	0.914	74.0	2.3	0.283	
26	**Obusiers.**	32 (14 k. 51)	889	1.600	160.0	3.4	1.360	
27		24 (10 k. 88)	660	1.433	145.3	3.4	1.134	
28		12 (5 k. 44)	330	1.149	116.3	3.1	0.567	
29		A½p.(11 c.m. 18)	127	0.572	114.8	1.7	0.227	
30	**Mortiers.**	10 po. (25 c.m. 40)	660	0.686	254.0	4.4	1.814	
31		8 po. (20 c.m. 32)	330	0.406	203.2	3.6	0.907	
32		5½p.(13 c.m. 97)	63	0.381	142.2	0.6	0.381	
33		A½p.(11 c.m. 05)	38	0.324	114.8	1.7	0.113	

Bouches à feu en fer.

208. La note de l'article 208 fait mention d'un canon en fer à âme en acier, construit par M. Treadwell des États-Unis. Un de ces canons a été soumis à des expériences en France, mais, pour celui-là, l'âme n'était pas en acier. Cette pièce résista parfaitement au tir de 800 coups, et on n'y reconnut d'autre altération que celle de la lumière, qui était évasée de manière à avoir 11 millimètres à sa partie inférieure; il est à présumer que si l'âme eût été en acier, ainsi que M. Treadwell l'avait d'abord annoncé. on aurait encore eu une résistance plus parfaite.

On a essayé en même temps d'autres bouches à feu en fer, mais soudées à la forge au lieu de l'être, comme celle de M. Treadwell, par la pression d'une puissante machine hydrostatique ; ces canons n'ont pas eu la résistance qu'on en attendait, et cela est dû en grande partie au défaut de soudure. Néanmoins, les résultats obtenus avec le canon américain, font penser que si les moyens de fabrication étaient suffisamment perfectionnés (et ils le seront sans aucun doute, maintenant que l'industrie est appelée à forger des pièces d'un poids considérable), on obtiendrait des bouches à feu en fer, plus résistantes qu'en bronze ou en fonte, et qui auraient un moindre poids de métal, puisque le fer a plus de ténacité; d'ailleurs l'épreuve du tir à la charge de 12 livres anglaises avec cinq boulets, montre bien la grande résistance de ce canon.

Toutefois, la diminution de poids n'est pas un grand avantage dans le service ordinaire, puisque la pesanteur des bouches à feu est nécessaire pour empêcher de trop fortes réactions sur l'affût. Mais si les essais, qui sont maintenant en cours d'exécution dans l'artillerie de terre et dans la marine, conduisaient, pour certaines parties du service, à l'adoption de projectiles allongés, tirés avec des canons rayés, les bouches à feu en fer, si leur soudure était bien faite, pourraient probablement présenter des avantages pour ce nouveau tir.

Dans les expériences faites à Gavre, avec des projectiles cylindro-coniques de diverses espèces, un grand nombre de pièces ont éclaté, soit par la pres-

sion des gaz lorsque le forcement obstruait le vent,
soit, et le plus souvent par l'arc-boutement du projectile, contre le bord des rayures; aussi dans ce
cas la rupture se faisait toujours au point où les ailettes commençaient à être pressées contre les
rayures.

Il y a donc intérêt à augmenter la solidité de la
pièce, tandis que les charges peu considérables nécessaires, la vitesse initiale moindre, font que le recul et les réactions sur l'affût ne sont pas violents et
permettent de ne pas donner un grand poids à la
bouche à feu.

Si, par le procédé de M. Treadwell, on parvient,
comme on l'annonce, à souder parfaitement les anneaux en fer qui forment l'extérieur entre eux, et aux
anneaux en acier qui forment l'âme, on aurait un
canon qui semble devoir parfaitement convenir aux
projectiles doués d'un mouvement de rotation autour de leur grand axe. Les expériences auxquelles a
été soumis le canon américain, ont, il est vrai, fait
connaître que la soudure était parfaite, mais l'âme
n'était pas en acier, et il reste à savoir, si, dans ce
cas, il en aurait été de même; or, il serait sans doute
nécessaire, pour un canon rayé, que l'âme fût en
acier.

Quant aux moyens de diminuer le recul dont il
est question dans la même note, ils n'ont pas paru
nécessaires dans les expériences auxquelles la pièce
de M. Treadwell a été soumise, et ils le seraient en-

core moins, pour une pièce rayée tirant des boulets creux.

Les moyens que l'on peut employer pour empêcher l'effet de la réaction du tir, quelque simples qu'ils soient, seront toujours une grande complication, et il faudrait, pour compenser leur inconvénient, qu'ils présentassent d'ailleurs des avantages bien marqués.

M. Frimot, ingénieur en chef des ponts-et-chaussées, avait longtemps avant ces expériences fait forger des canons en fer, et il avait adapté à une pièce de 4, tirant un boulet forcé à bague en plomb, un mécanisme très-ingénieux pour combattre l'effet du recul. Il consistait en tiges de fer liées aux tourillons de la pièce, munies chacune de deux pistons d'inégal diamètre engagés dans un cylindre fermé; l'intérieur du cylindre était divisé en deux parties de diamètre correspondant à ceux des pistons, la partie la plus large était en avant, le piston qui y était engagé était percé de trous et s'appliquait au repos contre la fermeture antérieure du cylindre, l'intervalle entre les deux pistons était remplie d'eau; dans le recul le grand et le petit étant fixés sur la même tige, parcouraient la même longueur, par conséquent le volume d'eau compris entre eux diminuait, à cause de la différence de diamètre, et l'eau excédante était projetée avec une grande vitesse dans le vide qui se faisait en avant du piston foré; après le recul, par l'effet de la pression atmosphé-

rique, tout le système reprenait sa place. Une partie
de la réaction de la pièce était ainsi employée à
communiquer à l'eau la vitesse avec laquelle elle
était projetée contre le fond du cylindre, et par conséquent était détruite.

Canons rayés. — Obus excentriques.

225 *et suiv*. Les expériences sur les canons rayés, lançant des boulets cylindro-coniques, ne paraissent pas avoir eu en Angleterre l'extension désirable. La rupture du canon Cavalli l'a mis immédiatement hors d'essai, pourtant ce canon avait parfaitement résisté dans les expériences faites à Aker et l'on n'explique pas la cause de sa rupture à Woolwich. Le canon Wahrendorff a donc été seul soumis aux expériences; on a obtenu des résultats favorables, tant sous le rapport de la justesse, que de la longueur des portées, mais elles ont été brusquement interrompues, sans avoir été conduites assez loin pour bien apprécier la valeur de ce tir.

On a repris les expériences sur les obus à culot ayant un mouvement de rotation autour d'un axe

perpendiculaire à la trajectoire, dont on s'était déjà
occupé l'année précédente (1850); si ce mouvement
de rotation suffisait pour assurer la grandeur des
portées et leur direction, il aurait peut-être été plus
facile de l'obtenir d'une manière simple, que le
mouvement de rotation autour de l'axe tangent à la
trajectoire. Il était dans tous les cas utile, lorsqu'on
s'occupait du mouvement de rotation du projectile,
de se rendre compte de l'effet de ceux qu'il pouvait
prendre autour de différents axes.

Hutton fut le premier qui reconnut (en 1796),
que dans certaines positions des projectiles, les déviations étaient moindres que dans d'autres. Mais il
ne fut pas question de cette découverte jusqu'en
1808.

Le major Clément remarqua que quelquefois les
portées étaient accrues, en raison de l'éloignement
du centre de gravité du centre de figure.

Depuis, on a essayé ce tir en Prusse et en Belgique.

En 1841, le général Paixhans fit à Metz des expériences comparatives avec un canon de 12 de campagne, tirant à boulet plein et à obus excentriques,
il obtint des accroissements de portée de 450 mèt.
environ, et les déviations furent réduites de 0,13 à
0,8.

Cette même année et l'année suivante on fit à
Gavre des expériences sur ce tir, en employant des
obusiers de 0^m.22, n° 1 et n° 2, et en plaçant al-

ternativement le centre de gravité en dessus, en dessous, à droite et à gauche. Le tableau suivant présente les résultats obtenus, sous les angles de 5° et 10°, avec des charges de 2 k., et 3 k. 50 pour l'obusier n° 1, et de 1 k. 50 pour l'obusier n° 2.

BOUCHES à FEU.	ANGLE de TIR.	CHARGE.	OBUS.	POSITION des points CULMINANTS.	PORTÉE moyenne.	DÉVIATIONS		OBSERVATIONS.
						Latérale moyenne.	longitudinale moyenne.	
Obr n° 7.	0°	2 k.	ordinaire	en haut.	278	0 m. 8	15 m. 7	Toutes
				en bas.	245	0 m. 0	12 m. 0	
			à culot	à gauche.	264	0 m. 3	6 m. 3	ces
				à droite.	245	0 m. 3	9 m. 3	
					278	0 m. 7	15 m. 8	
Obr n° 8.	5°	3 k. 50	ordinaire	en haut.	351	0 m. 1	28 m. 2	moyennes
				en bas.	333	0 m. 2	19 m. 6	
			à culot	à droite.	336	1 m. 7	39 m. 2	
				à gauche.	336	0 m. 3	14 m. 6	
					245	0 m. 5	22 m. 1	
Obr n° 1.	5°	3 k.	ordinaire	en haut.	1079	12 m. 4	13 m. 0	sont
				en bas.	904	4 m. 7	38 m. 0	
	5°	3 k. 50	à culot	à droite.	1268	27 m. 3	46 m. 0	
				à gauche.	1064	10 m. 3	14 m. 0	
					986	11 m. 0	39 m. 0	
Obr n° 1.	5°	3 k. 50	ordinaire	en haut.	1319	12 m. 3	62 m. 0	prises
				en bas.	1248	10 m. 7	6 m. 0	
			à culot	à droite.	1369	10 m. 3	71 m. 0	
				à gauche.	1299	37 m. 0	44 m. 0	
					1305		40 m. 0	
Obr n° 1.	10°	2 k.	ordinaire	en haut.	1701	9 m. 5	54 m. 0	sur
				en bas.	1513	9 m. 8	45 m. 0	
			à culot	à droite.	2099	66 m. 7	83 m. 0	
				à gauche.	1641	13 m. 5	37 m. 0	
					1585	66 m. 1	108 m. 0	
Obr n° 2.	5°	3 k. 50	ordinaire	en haut.	2061	30 m. 3	28 m. 0	trois
				en bas.	1828	30 m. 0	14 m. 0	
			à culot	à droite.	2521	15 m. 0	36 m. 0	
				à gauche.				
Obr n° 2.	5°	1 k. 50	ordinaire	en haut.	1124	25 m. 0	68 m. 0	coups.
				en bas.	742	4 m. 7	11 m. 0	
			à culot	à droite.	1130	20 m. 0	56 m. 0	
				à gauche.	857	13 m. 0	35 m. 0	
					857	17 m. 0	70 m. 0	
Obr n° 2.	10°	1 k. 50	ordinaire	en haut.	1534	53 m. 7	222 m. 0	
				en bas.	1299	14 m. 4	18 m. 0	
			à culot	à droite.	1766	11 m. 0	61 m. 0	
				à gauche.	1431	19 m. 0	50 m. 0	
					1354	59 m. 0	90 m. 0	

Le point culminant est l'extrémité du diamètre passant par le centre de gravité et qui en est la plus éloignée.

On voit que l'influence de la position du centre de gravité ne se fait sentir que lorsque les portées ont une certaine étendue.

D'après le tableau précédent, la position du centre de gravité ne paraît pas avoir influé sur la justesse des portées comme on aurait dû s'y attendre, puisque les déviations devraient avoir un sens déterminé comme cela avait eu lieu dans les expériences faites à Metz en 1851. Cela tient probablement à ce qu'il est difficile de donner à l'axe de rotation du projectile une direction parfaitement perpendiculaire à l'axe de la trajectoire et qu'on ne parvient à s'en rapprocher qu'avec beaucoup de soins.

Pour s'assurer de l'augmentation produite dans les portées par la position du centre de gravité, lorsque la trajectoire était assez étendue, l'année suivante (1842) on tira l'obusier n° 1 avec de plus fortes charges et sous l'angle de 10° à peu près, on avait placé un valet Ersant sur l'obus, et comme il s'agissait seulement de la longueur des portées, le projectile à culot fut tiré, le point culminant en bas. Voici les résultats obtenus :

ANGLE de tir.	POIDS de l'obus.	Charge.	PORTÉE moyenne.	DÉVIATION latérale moyenne.	PORTÉE totale.	NOMBRE de coups.	OBSERVATIONS.
	27k.91	4k	2878	6m.5	3152m	2	
10°.21'	27k.91	6k	2923	103m.7	3229m	2	
	27k.89	8k	3236	82m.5	3460m	2	
	27k.78	18k	3106	67m.5	3420m	2	

On essaya aussi ce tir avec un mortier de 22 c. Sous l'angle de 45°, les portées de l'obus excentrique furent diminuées, comme on le voit dans le tableau suivant :

CHARGE.	ANGLE de tir.	Obus.	POSITION du point culminant.	PORTÉE moyenne.	DÉVIATION latérale moyenne.	DÉVIATION longitudin. moyenne.	NOMBRE de coups.
0ᵏ,600	45°	Ordinaire.		916ᵐ	59ᵐ.0	41	3
		A culot.	En haut.	749ᵐ	35ᵐ.0	18	3
			En bas.	794ᵐ	11ᵐ.0	52	3
0ᵏ,300	45°	Ordinaire.		403ᵐ	4ᵐ.4	43	3
		A culot.	En haut	335ᵐ	3ᵐ.0	3	3
			En bas.	355ᵐ	10ᵐ.9	36	3

Il était facile de prévoir que les obus excentriques auraient sous l'angle de 45°, une diminution de portée, la limite de l'angle qui lui donne de l'accroissement doit être en effet au-dessous de l'angle de plus grande portée des mortiers, puisque, lorsque le projectile excentrique a atteint cette portée, il a eu à vaincre autant de résistance de l'air, et la vitesse initiale est à peu près la même; or l'angle de plus grande portée des mortiers est d'environ 42°.

Le tir d'un projectile excentrique ayant un mouvement de rotation autour d'un axe perpendiculaire à la trajectoire, ne revient néanmoins pas exactement au tir d'un obus ordinaire, sous un angle plus grand; sa trajectoire se relève graduellement, en sorte que si on trace celle due à l'angle sous lequel on tire avec un obus ordinaire et celle qu'aurait parcourue le même projectile pour arriver au même point de chute que l'obus excentrique, celle de ce dernier sera comprise entre les deux précédentes, elle sera donc moins élevée pour la même portée que celle des obus ordinaires.

Il est à remarquer d'ailleurs que les angles de tir que permettent les affûts ordinaires sont très-restreints, et que par conséquent l'excentricité des projectiles permettra d'avoir des portées qu'on ne pourrait obtenir sans cela avec la même bouche à feu montée sur le même affût.

Comme on peut tirer à forte charge, on obtient des portées qu'on ne surpassera pas beaucoup avec

les boulets oblongs tirés par des canons rayés, qui
ne supporteraient pas des charges aussi considérables.

Les expériences faites en 1851 en Angleterre, à la
demande du général Douglas, ont donné sous ce
rapport des résultats très-remarquables.

On employa 4 pièces de 10 pouces du poids de
112 cwt (5687 k.), montées sur des affûts qui per-
mettaient le tir jusqu'à l'angle de 32° inclusivement.

Le tableau suivant résume les diverses circonstances du tir et les effets obtenus.

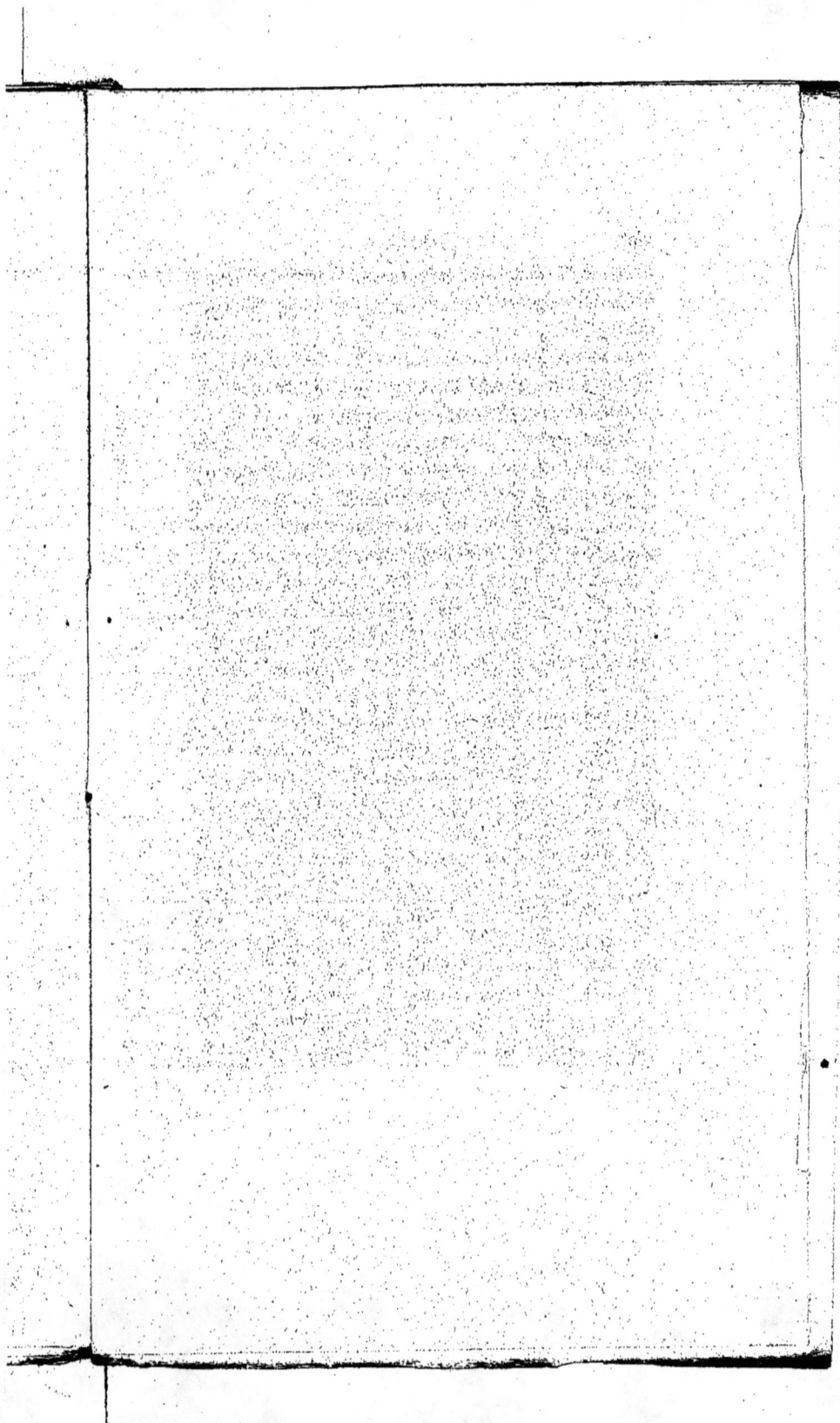

RÉSULTAT
DES EXPÉRIENCES COMPARATIVES

Du tir d'un canon de 10 po. pesant 112 cwt., de 10 pi. 1/2 de long, avec des boulets creux excentriques et concentriques, respectivement du poids de 94 liv. et 87 liv. avec une charge de 13 liv.

EXPÉRIENCES FAITES A SHOEBURY-NESS EN 1851.

ANGLE de TIR.	ESPÈCE de PROJECTILES.	PORTÉES en YARDS.	AUGMENTATIONS de poids avec le boulet excentrique EN YARDS.	DÉVIATIONS		TEMPS de trajet.	OBSERVATIONS.
3°	excentrique concentrique	1192		1	3	3 H	Non prise.
4°	excentrique concentrique	4830 1695	145	9 9	9 10	6 5	
6°	excentrique concentrique	2485		6	18 1/2	9 H	Non prise.
8°	excentrique concentrique	3024 2465	559	48 25	6 13	12 9 H	
10°	excentrique concentrique	3472		93 1/2	30	14 H	Non prise.
12°	excentrique concentrique	3805 3184	621	37 72	416 54	16 13 H	
16°	excentrique concentrique	4588 3709	749	210 30	145 89	24 15	
20°	excentrique concentrique	5076 4137	939	87 157	405 409	23 19	
24°	excentrique concentrique	5311 4605	706	162 45	255 280	28 24 H	
28°	excentrique concentrique	3565 4650	916	185 89	291 198	32 24	
32°	excentrique concentrique	5536 4866	670	361 321	139 298	34 28	

On voit, d'après ce tableau, que l'angle de 28° est celui qui donne la plus grande portée pour l'obus excentrique, tandis que celle des obus ordinaires augmente sous l'angle de 32°. Il est probable que sous des angles plus élevés les résultats seraient dans le même sens, c'est-à-dire que les portées des deux obus se rapprocheraient l'une de l'autre, et qu'enfin l'obus excentrique donnerait de moindres portées que l'autre.

Les déviations sont considérables sous des angles élevés, mais elles ne paraissent pas plus grandes pour l'un que pour l'autre projectile.

Le tir des obus de 22 centimètres excentriques, comparé à celui du canon Warendorff et à celui des obus de 22 centimètres ordinaires, paraît donner des portées intermédiaires entre les deux, mais qui se rapprochent plus de celle du canon rayé. Le canon Warendorff, qui a été soumis aux expériences en Angleterre, lançait un boulet pesant 29 kilos avec une charge de 3 k. 628, et les obus de 22 des deux espèces, pesant environ 27 k. 90, étaient tirés à la charge de 3 k. 500. Voici les portées obtenues.

Angle de 5°.

		Différence.
Portée du boulet allongé	1,770ᵐ	301ᵐ
Portée de l'obus excentrique	1,469	
Portée de l'obus ordinaire	1,300	169
	Total :	470

Angle de 10°.

		Différences.
Portée du boulet allongé	2,919 ^{m}	398 ^{m}
Portée de l'obus excentrique	2,521	
Portée de l'obus ordinaire	2,000	521
Total :		919

Les portées du boulet allongé sont, comme on le voit, supérieures à celles de l'obus excentrique, pour les calibres que nous venons de comparer; mais il faut remarquer que ces différences ne sont pas très-considérables, que d'ailleurs la charge pour le boulet allongé est un peu plus forte que celle de l'obus, et qu'aussi le premier projectile pèse 29 kilos, le second 27 k. 90.

A la charge de 4 kilos et sous l'angle de 10°, la portée de l'obus à culot est de 2,878 mètres, inférieure seulement de 41 mètres à celle du boulet allongé tiré avec la charge de 3 k. 628.

Une remarque à faire aussi, c'est qu'on peut augmenter de beaucoup la charge pour l'obus sphérique (ce qui ne pourrait avoir lieu sans compromettre la solidité de la pièce avec le boulet cylindroconique), et arriver par ce moyen à des portées presque égales.

Ainsi, sous l'angle de 10°, le boulet cylindroconique, à la charge de 4 k. 50, donne une portée de 3,239 mètres, et l'obus de 22 centimètres à culot, à la charge de 8 kilos, a une portée de 3,236 mètres.

Le tableau donné précédemment du tir avec l'obus excentrique de 10 pouces anglais, présente aussi des portées qu'on ne dépasserait guère probablement avec les projectiles cylindro-coniques.

En résumé, le tir des obus à culot, en augmentant convenablement les charges, paraît devoir donner des portées aussi grandes que celles qu'on pourrait obtenir avec des canons rayés; mais la charge est plus forte, la trajectoire plus courbe, l'angle de chute plus grand et la déviation beaucoup plus considérable.

Aussi, l'attention s'est-elle portée, avec raison, sur les canons rayés, afin de savoir s'ils peuvent être employés comme arme de guerre et, dans ce cas, à quelle partie du service ils seraient propres.

Les effets extraordinaires, obtenus avec les carabines tirant des balles cylindro-coniques, firent penser qu'en appliquant ces principes à l'artillerie on obtiendrait des résultats analogues; mais les difficultés étaient bien plus grandes, le forcement difficile à obtenir, les rayures exposées à être détériorées sous la pression d'un projectile d'un grand poids.

En 1845, on fit à Gavre l'essai d'une caronade rayée proposée par M. Delvigne. C'était une caronade de 12 forée au calibre de 6, elle avait six rayures de forme presque rectangulaire, le pas de l'hélice était de 4 mètres. Le projectile était en fonte, creux et cylindro-conique. Il y en avait de

deux espèces. Les premiers avaient des entailles
dans la partie cylindrique, dans lesquelles étaient
engagés des coins en bois de houx, formant saillie
sur la surface du corps, ils n'entraient que partielle-
ment dans les entailles, et leur extrémité libre venait
s'appuyer sur un sabot en orme, la pression des gaz
agissant sur le disque, poussaient les coins dans les
entailles correspondantes aux rayures de la pièce.

Les seconds avaient la partie cylindrique revêtue
d'un manchon en plomb, offrant des parties sail-
lantes en forme d'hélice, qui s'engageaient dans les
rayures.

Les premières expériences démontrèrent que le
projectile frappait constamment le but la pointe en
avant.

On s'occupa ensuite de la justesse du tir et de l'é-
tendue des portées. On employa le projectile à manchon en plomb et, comme dans les expériences précédentes, le manchon se séparait presque toujours,
on modifia un peu la forme de manière à obvier à cet
inconvénient. On employa les charges de 0 k. 650,
0 k. 600, 0 k. 500, cette dernière fut préférée.

Le tableau suivant présente les résultats obtenus
avec ce projectile à manchon en plomb.

ANGLE de TIR.	Charge.	PORTÉE moyenne.	DÉVIATION latérale moyenne.	DÉVIATION longitudinale moyenne.	NOMBRE de coups.
5°	0k,650	1357m	5m.8	45m.8	10
5°	0k,600	1304m	4m.2	35m.3	10
5°	0k,500	1279m	3m.6	40m.0	10
10°	0k,500	1938m	7m.6	70m.5	20
15°	0k,500	2043m	7m.4	46m.0	10

Le tir de cette caronade à la charge de 0 k. 500, comparé au tir de l'obus de 22 centimètres avec l'obusier n° 1 à la charge de 3 k. 50, fait voir que la longueur des portées diffère peu et que la justesse est bien à l'avantage de la caronade rayée.

Les éléments de cette comparaison sont présentés dans le tableau suivant pour un tir sous les angles de 5, 10 et 15 degrés.

	5°	10°	15°
Portée de la caronade	1,279ᵐ	1,938ᵐ	2,643ᵐ
Portée de l'obusier de 22 cent. . .	1,282	2,007	2,620
Déviations latérales de la caronade	3 6	7 6	7 4
Déviations latérales de l'obusier de 2	7 6	22 1	43 3

Si on compare le tir de cette caronade rayée à celui de la caronade de 12 ordinaire, on verra qu'on a obtenu de grands avantages sur cette dernière, tant sous le rapport de la longueur des portées que sous celui de leur direction ; le tableau suivant présente cette comparaison pour l'angle de 10°.

Nature de la BOUCHE A FEU	Charge.	NATURE des projectiles et leur poids moyen.	Angle de tir.	PORTÉE moyenne	DÉVIATION latérale moyenne	DÉVIATION longitudinale moyenne	DÉVIATION latérale extrême.	DÉVIATION longitudinale extrême.	NOMBRE de coups
Caronade rayée.	0k,500	Cylindro-conique, 5k,640	10°	1938	7m.6	70m.5	28m	244m	20
Caronade de 12 ordinaire.	0k,630	Sphérique, 6k,109	10°	1683	38m.0	142m.0	59m	267m	

La bouche à feu éclata au cent cinquante et unième coup ; la rupture paraît devoir être attribuée à l'arc-boutement du projectile contre les parois de l'âme, dans son mouvement de rotation.

En 1846, on essaya un canon de 30 rayé, proposé par M. Delvigne, il avait huit rayures, le pas de l'hélice était de 8 mètres, la pièce pesait 3,120 kilos.

Le projectile était cylindro-conique, creux, en fonte, revêtu d'un manchon en plomb, portant huit saillies destinées à s'engager dans les hélices.

Le canon éclata au quatrième coup, l'encrasse-ment fut très-fort et le plomb engagé dans les rayures les remplit, ferma toute issue aux gaz et dé-termina une pression que la pièce ne put supporter.

Cette même année, on essaya un canon de 8 rayé, proposé aussi par M. Delvigne. La pièce avait huit rayures, le pas de l'hélice était de 12 mètres. Le boulet cylindro-conique avait quatre rainures dont la profondeur décroissait de l'arrière à l'avant, et dans lesquelles étaient engagés quatre coins (1) en alliage de plomb et d'étain, fixés à une rondelle en fer placée un peu en arrière du boulet ; ainsi quatre des huit rayures du canon n'étaient pas remplies par les coins.

On employa deux boulets de divers poids, l'un

---

(1) Les coins poussés dans les rainures par la pression des gaz remontaient les plans inclinés et produisaient le forcement.

pesant 9 k. 98, l'autre 14 k. 10, le premier avec
la charge de 1 kilo, le second avec celle de 1 k. 40.
On tira sous l'angle de 10°.

Les résultats furent peu favorables; cela tient
peut-être à ce que quatre des huit rayures n'étaient
pas remplies par le projectile et donnaient un vent
trop considérable. La plus grande portée ne fut que
de 1,243 mètres et, l'on eut des déviations notables.

La rupture de la pièce eut lieu au dixième coup;
elle paraît devoir être attribuée à l'arc-boutement
du projectile contre les parois de l'âme.

En 1849, M. Delvigne fit encore essayer une nouvelle pièce, c'était un obusier de 22 centimètres
coupé au premier renfort et foré au calibre de 18,
il pesait 2,128 kilos. Il avait six rayures, le boulet
cylindro-conique en fonte avait trois rainures, dans
chacune desquelles était engagé un coin en alliage
de plomb et d'étain de 0^m, 007 de saillie sur la surface du projectile qui avait une forme particulière;
il était terminé postérieurement par une partie hémisphérique se reliant à la partie cylindrique du
boulet qui, antérieurement, avait une forme hémisphérique, une gorge et un tronc de cône, la longueur totale du projectile était de 0^m, 275. Trois des
six rayures du canon restaient vides. Le corps du
boulet dans l'âme avait 0^m, 002 de vent, et les coins
avaient le même vent par rapport aux rayures.

Il y avait aussi une construction particulière à remarquer dans l'âme de la pièce, qui avait une cham-

bre tronconique et une arrière-chambre cylindrique
à fond hémisphérique ; la charge de poudre se pla-
çait dans la chambre tronconique et l'arrière-chambre restait vide.

Le poids moyen des boulets armés de leurs coins
était de 15 kil.

On employa les charges de 2 kil. et 2 kil. 50, les
portées furent inférieures à celles du canon-obusier
de 30, tirant avec une charge de 2 kil.

Le projectile s'est toujours maintenu la pointe en
avant, il tournait autour de son axe, mais il avait un
double mouvement et cet axe tournait lui-même autour de la tangente à la trajectoire, ce qui tient évidemment à l'absence de forcement qui faisait parcourir au projectile une hélice dans l'âme de la pièce.

Depuis ces expériences, on a essayé le tir à boulet
allongé avec un nouveau canon tracé par la commission de Gavre. le nombre des rayures a été réduit à
deux ; on n'a pas employé le forcement, et les coins
ont été remplacés seulement par une espèce de tou-
rillon qui s'engageait dans les rayures.

Les ruptures de pièces ont été fréquentes, elles
étaient dues à l'arc-boutement du projectile au point
où il est pressé contre les rayures , par conséquent,
elles se sont toutes présentées au même point. On
est sur la voie d'y remédier en changeant le tracé des
hélices; mais ces expériences étant en cours d'exécution, nous nous abstiendrons d'en parler.

L'artillerie de terre fait aussi des expériences sur

les canons rayés à La Fère. Les calibres employés sont ceux de 6 et de 12, le nombre des rayures est de 3. On a essayé divers pas d'hélice, et on a reconnu celui qui paraissait le plus convenable.

Le forcement n'est que partiel, il est produit par des ailettes mobiles dans les entailles du corps du boulet, dont le fond est un plan incliné qu'elles remontent lorsqu'elles sont arrêtées par les parois des rayures dans le mouvement de rotation du boulet. Ce forcement est analogue à celui employé par M. Delvigne, la seule différence est qu'il est produit pour l'une des pièces, parce que les coins remontent un plan incliné dans le sens longitudinal, et pour l'autre un plan incliné dans le sens latéral.

On a obtenu des portées plus longues qu'avec les boulets sphériques et une justesse de tir bien supérieure. Les expériences étant en cours d'exécution, il ne conviendrait pas d'entrer dans plus de détail.

Une circonstance qui complique la construction des boulets, dans le tir des canons rayés, c'est le forcement, cependant il ne paraît pas indispensable; si on le supprime, il arrivera que le boulet décrira une hélice autour de l'axe de la pièce dans l'âme et autour de la tangente à la trajectoire une fois sorti de l'âme, au lieu d'avoir un mouvement de rotation autour de son axe, mais le cylindre engendré par cet axe n'aura qu'un rayon de quelques millimètres, et il y aura par conséquent peu de différence entre les deux mouvemens de rotation; toutefois la dérivation semble devoir être un peu augmentée, lorsqu'il n'y a pas de forcement.

Si on reconnaît que le forcement n'est pas nécessaire, le chargement par la culasse ne présenterait plus guère d'avantage, et il a toujours eu jusqu'à présent de graves inconvénients qui l'ont fait écarter en France des essais sur les canons rayés.

Le canon Wahrendorff a été soumis à Gavre à une épreuve extraordinaire ; on a tiré avec de grandes charges à plusieurs boulets, mais après quelques coups à double boulet seulement, le chargement par la culasse devenait impossible.

Pour terminer ce que nous avons à dire des canons destinés à donner au projectile un mouvement de rotation, nous citerons l'essai fait en Angleterre d'une pièce à âme elliptique, la section elliptique variant de position, formait comme deux larges rayures dont le fond était la courbure de l'ellipse à l'extrémité de son grand axe ; elles devaient imprimer le mouvement de rotation au projectile, mais il n'en fut pas ainsi, et après quelques coups, on a renoncé à l'expérience. Néanmoins, ce système appliqué aux carabines a donné, dit-on, de bons résultats.

313. Armes portatives rayées.

En 1851, on a fait de nouvelles expériences en Angleterre, sur le tir de la carabine avec la balle Minié, elles ont complétement réussi, le déchirement de la balle, dans l'âme, n'a plus été remarqué. Pourtant dans les essais en grand, faits dernièrement en France, ce cas s'est présenté, excessivement carrément il est vrai, mais quelque peu de chances qu'il y ait pour que cela arrive, ce serait encore un inconvénient assez grave, il n'est certainement pas douteux qu'on parvienne à l'éloigner complétement.

TABLE DES MATIÈRES.

II. *Pièces monstres,*

III. *Nouveaux canons destinés à lancer des boulets pleins.*

IV. *Nouvelles pièces pour lancer des obus et boulets creux.*

V. *Sur les canons rayés, chargés par la culasse.*

VI. *Valeur relative des boulets pleins et des boulets creux.*

VII. *Emmagasinement des obus et précautions nécessaires
pour prévenir les accidents dans leur tir.*

VIII. *Fusils rayés*

FIN DE LA TABLE.

TABLE DES NOTES

FIN DE LA TABLE DES NOTES.

ERRATA.

Page 11, pièce du Pacha de 15 pieds : au lieu de *boulet de* 160, mettez *boulet de* 460.

Page 11, 8ᵉ ligne, non compris le tableau : au lieu de *comprenant*, mettez *comparant*.

Page 16, 16ᵉ ligne : au lieu de 10 *pouces*, mettez 10 *pieds*.

Page 51, 7ᵉ ligne : au lieu de *que*, mettez *qu'avec*.

Page 55, 4ᵉ ligne : au lieu de *nous allons*, mettez *on va*.

Page 59, tableau 1ʳᵉ colonne, effacez *pi*. 1ʳᵉ ligne de ce tableau : au lieu de 8, mettez 8 *po*.

Page 98, tableau 6ᵉ colonne : au lieu de 90, mettez 9 *pi* 0 *po*.

Page 125, note, 1ʳᵉ ligne : au lieu de *deux mois*, mettez *pour deux mois*.

Page 126, note avant-dernière ligne · au lieu de 110, mettez 1 ˢ 10 ᵈ ; au lieu de 24, mettez 2 ˢ 4 ᵈ.

Page 153, 6ᵉ ligne : au lieu de *à*, mettez *pour*.

Page 159, 13ᵉ ligne : au lieu de *reste*, mettez *rate*.

— 17ᵉ ligne : au lieu de *la remplace*, mettez *l'a remplacée*.

Page 162, 1ʳᵉ ligne : au lieu de *carabinier*, mettez *rifleman*.

Page 165, 11ᵉ ligne : au lieu de 1.25 ᵒⁿ, mettez 1 ᵒⁿ 25.

Tableau IV, 2ᵉ ligne : au lieu de *Deul*, mettez *Deal*.

Tableau XVII, diamètre de l'âme, avant-dernière ligne et dernière ligne : au lieu de 5.58, mettez 4.58.

Tableau XVII, suite. Supprimer le signe ʺ à la 1ʳᵉ colonne.

Tableau I, angle de 12°, 9ᵉ ligne : au lieu de 9919, mettez 2919.

Tableau XVIII, 2ᵉ ligne : au lieu de par *interpellation*, mettez par *interpolation*.

TABLEAUX

AUXQUELS

IL EST RENVOYÉ DANS LE TEXTE.

TABLEAU 1.

Portées obtenues à Déal, en 1839, avec les bouches à feu désignées ci-dessous. (Sous les angles indiqués).

ESPÈCES D'ARTILLERIES	LONGUEUR	POIDS	VENT	CHARGES	HAUTEUR DE LA PIÈCE AU-DESSUS DU PLAN DE CHUTE	BUT EN BLANC	1/4°	1/2°	3/4°	1°	1 1/2°	2°	3°	4°	5°	7°	9°	12°	15°
	pi pu	Cwt. qu. Li.	pu.	pu. en.	Pi.	Yards.	Yards.	Yards.	Yards.	Yards.	Yards.	Yards.	Yards.	Yards.	Yards.	Yards.	Yards.	Yards.	Yards.
Canon de 32 (A)	9-9	49-1-18	.198	8 0	22	556	632	701	793	862	1007	1463	1443	1662	1939	2231	2556	3092	3513
» (B)	8-6	44-2-0	.175	7 0	22	562	625	638	773	851	1006	1124	1440	1716	1939	2242	2498	3175	3394
» (C)	8-0	40-3-22	.175	6 0	22	528	656	677	794	905	1022	1185	1476	1722	1894	2306	2514	3093	3546
"	6-6	31-1-24	.125	5 0	22	513	585	655	602	774	888	1101	1382	1593	1738	2155	2506	2852	3193
" *	6-0	24-3-14	.125	4 0	22	460	523	607	621	714	812	953	1206	1458	1636	1966	2383	2888	3152
"	9-7	63-3-7	.233	12 0	22							1366	1581	1832	1998	2318	2682	3050	3350
"				10 11	22							1305	1657	1775	1964	2275	2584	3033	3400
"				8 0	22							1282							
" *	8-0	49-1-0	.233	8 0	22							1183	1486	1607	1835	2372	2689	9019	3284
10 pouces.	9-4	85-1-7	.15	12 0	8†	312	391	478	568	637	838	1033	1282	1489	1642	2007	2579	3028	3546
8 pouces.	9-0	65-2-14	.125	10 0	22							1433	1323	1602	1920	2248	2577	3016	3300
10 pouces obus.	5-0	42-0-14	.16	7 0	15†	323	409	422	496	511	646	709	934	1073	1270	1563	2133	2402	2554
8 pouces.	4-0	21-3-0	.16	4 0	15†	330	302	450	470	513	620	796	907	1186	1389	1553	1810	2231	5402
Pièce de 32.	6-6	32-0-14	.175	5 0	22					795		948	1254		1817				
"				6 0	22					734		1053	1337		1753				
"	8-6	46-2-11	.195	7 0	22							1151	1435		1953				3585
"	9-0	51-0-14	.215	8 0	22							1233	1410		1877				3534
"	9-6	61-2-12	.175	10 0	22					942		1252	1564		1978				3499
"	9-6	61-2-14	.2	10 0	22					920		1175	1487		2017				3444

* Avec ce canon, sous l'angle de 30°, la portée fut de 4785 yards, la déviation 154 1/2 yards.
»   » 31° » 4765 » 154 1/2
»   » 32° » 4850 » 233 1/2
»   » 33° » 4795 » 3 à ce coup, la pièce éclata.

† Cette hauteur fut conservée jusqu'à l'angle de 2°, à cette élévation et aux suivantes, la hauteur était de 22 pieds.

Portées comparées des canons de

faites à Deul en 1839.

IV.

42 et 56 d'après les expériences

(Sous les angles indiqués.)

ESPÈCE DE CANON.	LONGUEUR.		POIDS.	VENT.	CHARGES.	HAUTEUR DE CANON AU-DESSUS DU PLAN.	2°	3°	4°	5°	6°	8°	10°	12°	15°	20°	30°	31°	32°	33°	34°	35°	REMARQUES.
	pi	po	C. i, qr, Li.	po.	L. en	pieds.	Yards.	Yards.	Yards.	Yards.	Yards.	Yards.	Yards.	Yards.	Yards.	Yards.	Y. ards.	Yards.	Yards.	Yards.	Yards.	Yards.	
de 42	10	6	80 3 0	.175	14 0	22	1346	1605	1842	2086	2381	2735	3080	3428	3732								
					14 0	22	1321																boulet plein.
					14 0	22								3867								obus avec plomb.
de 56	11	0	97 2 26	.175	15 0	22	1330								4087								boulet plein.
					16 0	22	1394									4381	5446	5285	5607 (5720)	5432	5392	5437	id.
					17 0	22	1391	1748	1986	2264	2523	2958	3118	3465	4001							5200	id.
					17 0	22									4020							5600	obus avec plomb.

* C'est à peu-près la plus longue portée.

TABLEAU V.

Portées des bouches à feu en fonte, de la Marine, obtenues avec un seul boulet à bord du vaisseau de S. M. l'*Excellent*. — (Angles pris avec le niveau à alcool.)

ESPÈCE DE BOUCHE A FEU.	POIDS.	LONGUEUR.		DIAMÈTRE DE L'AME.	CHARGES.	HAUTEUR AU-DESSUS DU PLAN.		PORTÉES EN YARDS, AVEC LE TEMPS CORRESPONDANT A LA TRAJECTOIRE PARCOURUE.																	REMARQUES.
								3/8°	1°	2°	3°	4°	5°	6°	7°	8°	9°	10°	11°	12°	13°	14°	15°	16°	
	CWT.	PI	PO	POU.	LIV.	PI	PO																		
10 p°	84	9	4	10	12	5	4	300	600	880	1180	1440	1670	1800	1960	2100	2270	2450	2505	2645	2800	2900	3050	3170	
								½"	2"	3 ¼"	4"	4 ¾"	5 ¾"	6 ½"	7 ¼"	8 ¼"	9 ¼"	10 ¼"	11"	12"					
8 p°	65 60	9 8	0 6	8,05	10	5	4	330	630	1000	1225	1515	1700	1855	2050	2190	2365	2500	2630	2800	2910	3015	3100	3200	56 livres boulet.
								½"	2 ¼"	3 ¼"	4"	5 ¼"	6"	7"	8"	8 ¾"	9 ½"	10"	11"	11 ¼"	11 ½"	12"	12 ¼"	13"	
								1/8°	7/8°	1 1/8°	1 1/4°	1 1/2°	1 3/4°	2 1/8°											
8 p°	65 60	9 8	0 6	8,05	8	5	4	300	400	500	600	700	800	900	»»	»»	»»	»»	»»	»»	»»	»»	»»	»»	56 livres boulet.
								1/4°	1°	2°	3°	4°	5°	6°	7°	8°	9°	10°	11°	12°	13°	14°	15°	16°	
8 p°	65 60	9 8	0 6	8,05	10	5	4	400	645	1030	1270	1460	1650	1845	1960	2110	2285	2340	2490	2530	2630	2725	2800	2900	51 livres obus chargé.
								½"	2 ¼"	3 ¼"	4"	5 ¼"	6"	7"	8"	8 ¾"	9 ½"	10"	11"	11 ¼"	11 ½"	12"	12 ¼"	13"	
								1/2°	1 1/4°	1 1/2°	1 3/4°	2 1/8°													
8 p°	65 60	9 8	0 6	8,05	8	5	4	300	600	700	800	900	»»	»»	»»	»»	»»	»»	»»	»»	»»	»»	»»	»»	51 livres obus.
								1/2°	3/4°	1°	2 1/4°														
8 p°	65 60	9 8	0 6	8,05	5	5	4	200	300	400	00	»»	»»	»»	»»	»»	»»	»»	»»	»»	»»	»»	»»	»»	51 livres obus chargé.
								3/8°	1°	2°	3°	4°	5°	6°	7°	8°	9°	10°							
8 p°	50	6	8	8,05	8	12	7	320	550	800	1040	1250	1435	1600	1750	1880	2000	2100	»»	»»	»»	»»	»»	»»	51 livres obus chargé.
								1/2°	3/4°	1°	1 1/4°														
8 p°	50	6	8	8,05	5	12	7	200	300	400	500	»»	»»	»»	»»	»»	»»	»»	»»	»»	»»	»»	»»	»»	51 livres obus chargé.
								3/8°	1°	2°	3°	4°	5°	6°	7°	8°	9°	10°							
8 p°	50	6	8	8,05	8	12	7	300	530	770	1010	1230	1460	1670	1810	1900	2080	2190	par	app	roxi	mati	on.	»»	56 livres boulet.

REMARQUE.

Les expériences faites à bord de l'*Excellent* dans l'automne de 1838, d'après lesquelles les tables pour le tir des obus ont été établies, sont confirmées par celles faites à Woolwich, le 15 novembre 1838 ; elles font voir qu'à 1250 yards, avec 10 livres de poudre, un obus traverse un bord et va se loger dans une partie de l'autre vers le 1er pont. Avec 8 livres, l'obus traverse un bord et ricoche sur le second à 900 yards avec les charges de 8 et 10 livres, l'obus traverse le 1er bord et se loge dans le second ; à 600 yards, à la charge de 5 livres, l'obus traverse un bord et se loge dans le second; à 300 yards, aux charges de 8 et 7 livres, l'obus traverse les 2 bords, s'enfouit dans la butte. Avec un boulet de 56 livres une charge de 10 livres, le boulet à 1250 yards traverse un bord et s'engage dans le second.

Il résulte de ce tir, qu'on doit employer les plus petites charges, pourvu qu'elles donnent assez de vitesse, pour que le projectile pénètre. On a remarqué surtout, qu'à la charge de 12 livres (maintenant abandonnée), les obus éclatent souvent à la bouche.

La poudre, employée pour obtenir ces portées, était de plusieurs barils mêlés ensemble ; l'éprouvette avant le tir, donnait un recul de 23° 20', après de 23° 50'.

TABLEAU VI.

Portées des pièces en fer de marine, obtenues avec un seul boulet, à bord du vaisseau de S. M. l'*Excellent*. (Angles pris avec le niveau à esprit de vin

ESPÈCE DE BOUCHE À FEU.	POIDS.	LONGUEUR.	DIAMÈTRE DE L'ÂME.	CHARGE.	HAUTEUR AU-DESSUS DU PLAN.	PORTÉES 1/4°	1°	2°	EN YARDS AVEC LE TEMS CORRESPONDANT DE LA TRAJECTOIRE PARCOURUE.												
									3°	4°	5°	6°	7°	8°	9°	10°	11°	12°	13°	14°	15°
LIV. 68	CWT. 113	PI. PO. 10 10	POUCES. 8.13	LIV. 20	PI. PO. 5 3	340	833	1247	1558	1737	2035	2307	2440	2640	2707	3000	3410	3233	3460	3533	3673
56	98	11 0	7.7	16	5 4	290	753	1267	1603	1890	2067	2260	2378	2557	2785	2923	3023	3208	3327	3440	3547
56	87	10 0	7.7	14	5 3	340	821	1234	1516	1793	2040	2193	2433	2630	2848	2990	3110	3243	3420	3500	3642
42	84	10 0	7.	14	5 8	347	775	1183	1500	1792	2002	2190	2407	2663	2820	2953	3063	3173	3287	3427	3580
42	75	10 0	7.	12	5 5	257	775	1170	1510	1743	1958	2190	2332	2603	2747	2803	3033	3120	3198	3317	3493
32	56	9 6	6.41	10	5 4	343	700	1100	1513	1760	1930	2100	2300	2477	2622	2800					
32	56	9 6	6.41	8	5 4	350	600	700	800	900	1000										
32	50 48	8 0	6.41	8	5 6	320	760	1116	1320	1516	1696	1835	2060	2246	2313	2493					
32	50	9 0	6.3	8	5 6	346	747	1173	1435	1698	1900	2127	2290	2453	2600	2777					
32	45	8 6	6.3	7	5 6	333	716	1040	1320	1600	1800	2026	2180	2340	2510	2697					
32	40	8 0	6.3	6	5 6	326	700	1026	1300	1506	1710	1890	2105	2250	2446	2576					
32	46	9 0	6.35	6	5 6	300	730	1026	1303	1580	1700	1940	2120	2300	2440	2570					
32	42 40	8 0 7 6	6.35	6	5 4	300	640	985	1280	1480	1660	1820	2000	2250	2370	2440					
32	32	6 6	6.3	5	5 4	320	500	825	1100	1246	1510	1660	1800								
32	25	6 0 5 8	6.3	4	5 4	300	470	736	1000	1200	1448	1580	1730								
24	50 48	9 6 9 0	5.823	8	5 4	360	763	1123	1480	1646	1850	1960	2090	2240	2400	2630					
24	50 48	9 6 9 0	5.823	6	5 4	340	600	980													
24	40	7 6	5.823	8	5 4	350	735	1153	1413	1593	1828	1960	2070	2220	2400	2600					
4	40	7 6	5.823	6	5 4	330	600	980													

REMARQUE.

Si on veut tirer, avec le 32, de 50 cwt, de 8 pieds, un seul boulet à charge réduite, les portées, obtenues avec le 32 de 6 pi. 6 po. à la charge de 5 li., pourront servir comme guide approximatif dans la pratique, et cette même règle, peut s'appliquer aux autres canons, différant en longueur et en poids, mais ayant des charges réduites et complètes de même poids et de même nature.

TABLEAU XVII.
État des bouches à feu Anglaises, pour le service de la marine.

	ESPÈCE de bouche à feu	POIDS.	LONGUEUR.		DIAMÈTRE de l'âme.	VENT.	CHARGES.		AUTEURS DES MODÈLES.	REMARQUES.
		Cwt	Pi.	Po.	Pouces.	Pouces.	Liv.	On.		
1		68	10	0	8. 12	0. 2	16	0	Col Dundas (nouveau.)	Pour les steamers.
2		88	9	6			14	0		
3		56	98	11 0	7. 65	0 175	16	0	M. Monk (nouveau.)	Ceux-ci cèdent leur place aux précédents, lorsque les vaisseaux à la mer reçoivent une nouvelle commission.
4	Pièces en fonte de fer		87	10 0			14	0		
5		42	67	9 6	6 97	0. 2	10	8	Col Dundas (nouveau.)	Id.
6		10 po.	86		10. 0	0. 16	12	0	Obusier modifié du général Millar.	Doivent être substitués sur les steamers aux canons de 68. Voir observations art. 242.
7			84	9 4					Obusier du général Millar.	
8			65	9 0			10	0		Pour les grands vaisseaux d'un grand poids.
9		8 po.	60	8 10	8. 05	0. 125	10	0	Obusiers du général Millar.	Frégates.
10			52	8 0			8	0		1re classe, 6e rang.
11			61 1/2	9 6	. .	0. 2	10	0	Col Dundas.	
						0. 175	10	0		
12			58	9 6	. .	. .	8	0	Col Dundas.	Vieux canon qui sera bientôt remplacé par un de 58 cwt. Un canon de 9 p. du poids de 50 cwt les remplacera.
							et 5			
13	Canons.		56	9 6	6. 41	0. 233	10	0	Sir Thos Blomfield.	
14			48 à 50	8 0			8	0	Dickson et Millar.	Canons allésés, qui lorsqu'ils seront hors de service, seront remplacés par des canons de 32 de 42 cwt et de 8 p. de long.
15			41	8 0	6. 35	0. 173	6	0	Canons de 24 de Sir Thos. Blomfield allésés.	
16		32	39	7 6			6	0	Id. de Sir W. Congrève.	Canon allésé employé à bord des bricks ou de quelques premiers rangs.
17			40	7 6			6	0	Id. de Blomfield.	
18			32	6 6	6. 3	0. 125	5	0	Id. de l'Allésage du 18.	Allésé pour l'usage général.
19			25	6 0			4	0	Col Dundas (nouveau.)	Canon rendu nouveau.
20			25	6 0			4	0		
21			50	9 0	6.375	0.198	8	0	Nouveau canon A	Ils peuvent s'appeler canons intermédiaires, et ils doivent largement entrer dans l'armement de la marine.
22			45	8 6	6. 35	0. 173	7	0	Nouveau canon B de Monk.	
23			42	8 0			6	0	Nouveau canon C (nouveau.)	
24			22	7 0			5	0	9 allésé.	
25		18	20	6 0	5. 17	0.071	3	0	12 léger allésé.	Pour la plus petite classe de bricks et autres petits bâtiments.
26			15	5 6			2	0	9 léger allésé.	
27		68	63	5 4	8. 05	0.125	5	0		
28		42	22	4 6	6. 84	0.078	3	8		
29	Caronades	32	17	4 0	6. 25	0.075	2	11	Compagnie Carron.	
30		24	13	5 9	5. 68	0.068	2	0		
31		18	10	3 4	5. 16	0.061	1	8		
32		12	6	2 8	4. 52	0.066	1	0		
33		6	4 3/4	2 9	5. 6	0.05	0	10		
34	Mortiers.	13 po.	101	4 5	13. 0	0. 16	20	0		
35		10 po.	52	3 9 1/2	10. 0	0. 16	9	8	Sir Thos Blomfield.	Pour les paquebots.
36	Pièces en bronze. Canon,	9	13 1/2	6 0	4. 2	0. 1	3	0		Un monté sur affût de campagne, à bord des grands navires pour le service de terre.
37		6	6	5 0	3.668	0. 1	1	8		Pour le service des chaloupes, et pour être employé sur affût de campagne dans l'occasion, 24 (2) à bord de chaque 1er, 3e et 5e rang;
38		24	13	4 8 1/2	5. 72	0.125	2	8	Général Millar (nouveau.)	12 (2) du 10 cwt à bord des 4e et 5e rangs, et 12 (2) de 6 1/2 cwt à bord des 1er, 2e, 3e, 4e, 5e et 6e rangs et 1 à bord des bricks et plus petits navires.
39	Obusiers.		10	4 7	5. 58	0.125	2	0	Col Dundas (nouveau.)	
40		12	6 1/4	3 9 1/4	5. 58	0.125	1	4	Général Millar (nouveau.)	

5 mai 1848.   * Des canons de 32 de 9 pi 6 po de long,   vent 0 po 2, poids 58 cwt, vont maintenant être commandés.

TABLEAU XVIII.

Portées comparées, du 30 français, long et court, avec celles du 32 anglais. Les portées du canon français sont extraites de la table générale, des expériences faites à Gavre de 1830 à 1840, par interpellation pour les charges et les angles présentés ici. Les poids et les dimensions sont en mesures anglaises. Les portées des canons anglais sont tirées de la table des expériences faites en 1815 à bord de l'*Excellent*.

NATURE DE BOUCHE À FEU.	POIDS DE LA PIÈCE.			Diamètre de l'âme.	Charge.	POIDS du boulet plein.		ANGLES. — PORTÉES.									
	Cwt.	Qrs.	Lbs.	Pouces.	Liv.	Liv.	On.	0°15'	1°	2°	3°	4°	5°	6°	7°	8°	9°
								Yards.	Yards.	Yards.	Yards.	Yards.	Yards.	Yards.	Yards.	Yards.	Yards.
30 long français.	58	3	17	6.48	10	33	13	230	620	1020	1315	1580	1830	2040	2257	2456	2648
Dito court.	49	0	0	6.48	10	33	13	259	630	975	1317	1572	1810	2016	2225	2426	2620
(Vent 0 po 2.) 32 anglais.	56	0	0	6.41	10			345	760	1100	1513	1760	1930	2100	2300	2477	2622
(Vent 0 po 233.) 9 pi 6 po de long																	
30 long français.	58	3	17	6.48	8	33	13	231	590	940	1246	1400	1732	1947	2149	2345	2534
Dito court.	49	0	0	6.48	8	33	13	237	580	938	1231	1488	1715	1922	2118	2295	2552
(Vent 0 po 2.) 32 anglais.	56	0	0	6.41	8			350	600	970	..	..	..	..	..	..	..
9 pi 6 po de long																	
Dito. (Vent 0 po 233.)	{50 / 48}	8 pieds de long.		6.41	8			320	760	1116	1320	1516	1696	1835	2060	2246	2313
30 long français.	58	3	17	6.48	7	33	13	218	581	955	1248	1492	1715	1939	2154	2329	2526
Dito court.	49	0	0	6.48	7	33	13	225	547	940	1215	1462	1685	1900	2099	2247	2510
(Vent 0 po 2.) 32 anglais.	45	0	0	6.3	7			333	716	1040	1320	1600	1800	2026	2180	2340	2510
(Vent 0 po 175.) 8 pi 6 po de long																	
30 long français.	8	3	17	6.48	6	33	13	210	516	850	1255	1552	1604	1784	1935	2163	2360
Dito court.	49	0	0	6.48	6	33	13	220	512	828	1115	1345	1656	1755	1954	2134	2327
(Vent 0 po 2.) 32 anglais.	40	0	0	6.3	6			326	700	1026	1300	1566	1710	1890	2105	2250	2446
(Vent 0 po 175.) 8 pi de long.																	

Pl. 1

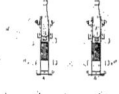

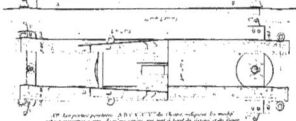
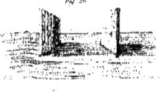

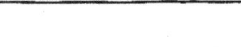

www.ingramcontent.com/pod-product-compliance
Lightning Source LLC
Chambersburg PA
CBHW070816270326
41927CB00010B/2431